Des solutions et des outils pour une gouvernance de l'IA par des experts. Tome 2.

© 2023 – Auteurs principaux : Nabil BABACI – P. Erol GIRAUDY -

Co-auteurs et relecteurs : Frank POIREAU - Etienne LEGENDRE - Kévin TRÉLOHAN.

Edition: BoD – Books on Demand, info@bod.fr
Impression: BoD – Books on Demand, In de Tarpen 42, Norderstedt (Allemagne)

Impression à la demande

ISBN : 978-2-3225-0413-8

Dépôt légal : novembre 2023.

Des solutions et des outils pour une gouvernance de l'IA, par des experts. Tome 2.

La gouvernance, l'audit, la sécurité et le pilotage de l'IA avec des outils.

Figure 1 Classement : A-E-S-G-P-C.

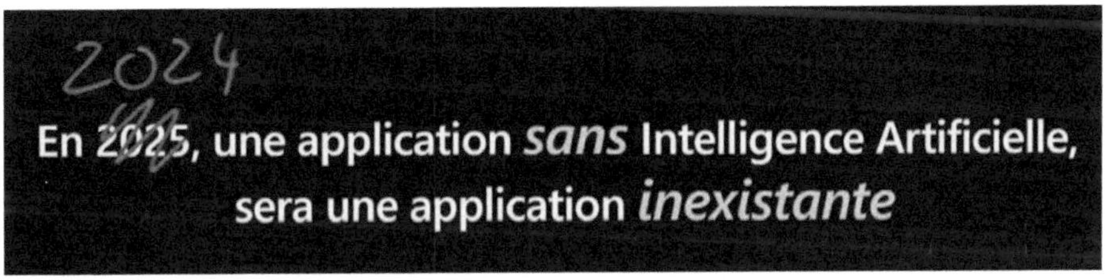

Figure 2 2024-2025 sans IA

Des solutions et des outils pour une gouvernance de l'IA, par des experts. Tome 2.

La gouvernance, l'audit, la sécurité et le pilotage de l'IA avec des outils.

Nabil BABACI – P. Erol GIRAUDY.

Frank POIREAU - Etienne LEGENDRE - Kévin TRÉLOHAN.

jeudi 2 novembre 2023.

Table des matières

PRÉAMBULE 7

Qui sont les co-auteurs. 10

INTRODUCTION 14

1ère partie : Les grands principes d'une optimisation de la gouvernance de l'IA. 19

1 - DEFINITION DE LA GOUVERNANCE. 20

2 – SPECIFICITE DE LA GOUVERNANCE DE L'IA. 45

3 – LE NIVEAU DE FORMATIONS REQUIS, SITES, SOLUTIONS, GUIDES. 64

2éme partie : La gouvernance de l'IA en mode BUILD. 77

4 – LA GOUVERNANCE OPÉRATIONNELLE DE L'IA. 78

5 – LES TYPOLOGIES D'AUDIT DE L'IA. 91

6 – LES QUATRE PILIERS DE L'IA SES PLANS, LES OUTILS. 113

7 – TAXONOMIE ET SEMANTIQUE, UN DUO GAGNANT. 120

3éme partie : La gouvernance de l'IA en mode RUN. 133

8 - GESTION DES OPERATIONS ET IA. 134

9 – LES OUTILS ET LEURS USAGES, LES URL, LES TABLEAUX. 150

10 - LES OUTILS DE GOUVERNANCES ET DE PILOTAGES. 169

4ème et dernière partie 179

11 – CONCLUSIONS. 180

12 - TABLE DES LÉGENDES ET INDEX - GLOSSAIRES. 208

13 – POUR ALLER UN PEU PLUS LOIN AVEC l'IA EN ANGLAIS. 216

14 - LES NOTES DE FIN DE CE LIVRE. 219

Des solutions et des outils pour une gouvernance de l'IA par des experts. Tome 2.

PRÉAMBULE

La rencontre de MVP et d'ex-MVP nous a donné l'envie de faire ce livre sur l'Intelligence Artificielle (IA), et tout naturellement la suite a pris forme. Tous sont co-auteurs et auteurs de plusieurs livres, articles, formations, études et vidéos.

En effet, il existe un premier volume, le tome 1[i], qui met particulièrement l'accent sur les solutions Microsoft et OpenAI, leurs utilisations et leurs applications. Ce tome 1 constitue une ressource essentielle pour tous ceux qui souhaitent approfondir leurs connaissances en matière d'intelligence artificielle et découvrir ses incroyables possibilités.

Bien entendu, des formations seront nécessaires pour maîtriser efficacement ces solutions d'IA. La mise en place de formations efficaces en IA au sein des entreprises est essentielle pour éviter les disparités de compétences et assurer une utilisation équitable et productive de cette technologie. Cela nécessite un engagement continu de la part de l'entreprise pour soutenir l'apprentissage et le développement des compétences en IA parmi ses employés.

Ce livre se concentre principalement sur la gouvernance, l'audit et le pilotage (GAP), ainsi que sur leurs outils et leurs applications, y compris leurs utilisations et des solutions de pilotage.

Si la science de l'IA est bien réelle, des études démontrent également que la maîtrise de l'IA relève d'un véritable art. Passer de la pratique à la performance en matière d'IA requiert détermination et engagement.

Nous allons maintenant explorer les cinq leçons que nous enseignent les pionniers de l'IA : s'engager dans l'IA, investir massivement, industrialiser l'IA, concevoir l'IA de manière responsable et prioriser les investissements à long et à court terme.

Grâce aux bonnes stratégies et priorités, un plus grand nombre d'entreprises pourront rejoindre le cercle des leaders en matière d'IA. Elles intégreront de manière responsable l'IA dans toutes leurs activités et profiteront de ses avantages dès aujourd'hui et pour l'avenir. Si la science de l'IA est révolutionnaire et inspirante, sa maîtrise parfaite est un art que les dirigeants d'entreprise doivent pratiquer sans relâche.

Enfin, il convient de prendre en compte les quatre piliers qui composent l'IA. Il est essentiel de les garder à l'esprit pour piloter efficacement la gouvernance de l'IA. Nous allons voir comment dans ce livre.

Comment définir l'IA ?

Pour commencer, nous allons nous familiariser avec le concept d'IA en examinant sa définition et en donnant quelques exemples.

« Comme vous l'avez sans doute remarqué, l'IA est un sujet d'actualité brûlant, pratiquement incontournable dans les médias et les débats publics. Toutefois, il est possible que vous n'ayez pas remarqué que le terme IA n'a pas la même signification pour tout le monde. Pour certains, l'IA désigne des formes de vie artificielle qui peuvent surpasser l'intelligence humaine, tandis que pour d'autres, presque toute technologie de traitement de données peut être qualifiée d'IA. Pour établir le contexte, nous allons aborder ce qu'est l'IA, comment elle peut être définie, ainsi que les domaines ou les technologies qui lui sont étroitement liés ».[ii] Voir en annexe les sources (notes de fins de ce livre).

Figure 3 Le petit robot GPT

Une première petite précision, quand vous voyez la tête de ce petit robot en noir et blanc cela signifie que **ce texte est écrit par ChatGPT** suite à un prompt de notre part. [iii]

Figure 4 Notre robot Designer

Seconde petite précision, ce petit robot souriant qui figure sur la couverture de ce livre a été conçu avec Bing© et DALL-E-2©, puis compléter avec Designer de Microsoft©. Idem pour la couverture du livre.

Qui sont les co-auteurs.

Tous sont co-auteurs et auteurs de plusieurs livres, articles, formations, études et vidéos.

Pierre Erol GIRAUDY est un membre de Microsoft Windows Insider CANARY et O365, EDGE et BING, il est aussi consultant en veille technologique, et membre fondateur du Club d'IA UGAIA en Andorre et du club AIDAUG aux USA, c'est un groupe mondial d'utilisateurs pour l'intelligence artificielle, les données et l'analyse.
Il a également été MVP SharePoint.
Pour en savoir plus :
- http://about.me/giraudyerol
- https://www.ugaia.eu
- https://github.com/peg500and

Nabil BABACI est avant-tout un passionné de technologies. Il a été auteur, conférencier, ancien MVP SharePoint, Consultant et Entrepreneur sur des domaines d'innovation allant des Smart Cities au développement de plateformes Big Data, Cloud, IOT et AI pour des consortiums Européens. Il occupe actuellement un rôle stratégique chez Hewlett-Packard Enterprise en qualité de Regional Category Manager pour la région Central Europe.
Pour en savoir plus :
https://www.linkedin.com/in/nabilbabaci/

 Frank POIREAU Manager de l'offre Microsoft 365 Practices chez HumanTech Partners Luxembourg. Microsoft Modern WorkPlace et MVP. Mon rôle : faire faire des économies à mes clients en privilégiant l'adoption, en construisant avec eux des solutions fonctionnelles via les paramétrages avancés avant d'envisager des développements complémentaires sur SharePoint, Power Platform, Teams... J'interviens au Luxembourg, en France, en Belgique (dans toute la francophonie !) Auteurs de plusieurs livres sur SharePoint et Teams. Formateur, coach, consultant en conduite du changement et en gouvernance

Pour en savoir plus :
- https://www.adopteunsharepoint.com/
- http://www.adopteunteams.com
- https://www.adopteunsharepoint.com/ma-bibliotheque-en-ligne

 Etienne LEGENDRE Après quelques années passées chez Microsoft France, Etienne Legendre s'est lancé en Auvergne Rhône-Alpes dans une carrière de consultant-formateur indépendant, en soutien des partenaires Microsoft de la région pour les épauler en formation et en consulting sur les projets de gestion de la connaissance et la promotion des produits Microsoft avec un axe important sur les produits et technologies SharePoint et Microsoft 365. Etienne a été MVP SharePoint Server entre 2004 et 2017. Cette distinction lui permettant une meilleure qualité de service car proche de l'éditeur et de ses roadmaps Produits. Il est actuellement MVP alumini Le tout en préservant un peu de temps pour une autre activité professionnelle bien différente. Pour en savoir plus :

https://www.elcondor.fr

Passionné des produits et services Microsoft depuis toujours, Kevin TRELOHAN créé son entreprise Modernize en 2020, après un parcours au sein d'entreprises du secteur numérique pour des clients grand comptes. Fort d'une expérience de plus de 20 ans sur les produits Microsoft, et dans l'IT en général, il obtient son statut MVP en juillet 2012. L'entreprise Modernize se spécialise sur l'offre Microsoft 365, et plus particulièrement sur Microsoft Teams, SharePoint et Outlook. Son expertise est reconnue et appréciée.

Pour en savoir plus

- https://www.linkedin.com/in/kevintrelohan/
- https://www.facebook.com/trelohan.kevin
- https://twitter.com/ktrelohan
- https://sessionize.com/kevintrelohan/
- https://www.modernize.fr

Le MVP (Most Valuable Professional) award est décerné par Microsoft aux personnes qui ont fait preuve d'une contribution exceptionnelle dans la communauté Microsoft en partageant leur expertise et leur passion pour les technologies Microsoft. Le statut de MVP est accordé pour une année à la fois et est renouvelable. Les MVP ont accès à des avantages tels que des invitations à des événements exclusifs, des formations et des supports techniques privilégiés.

Le badge MVP Alumni est décerné aux membres du prix Microsoft Most Valuable Professional (MVP) précédemment reconnus.

« Co-Auteurs virtuel » ChatGPT et DALL·E-2 (plus des rôles et des suggestions).

Figure 5 Certification Copilot de Microsoft.

INTRODUCTION

Avec l'évolution rapide de l'intelligence artificielle (IA), les entreprises et les organisations cherchent de plus en plus à intégrer des solutions d'IA dans leur environnement de travail pour améliorer leur productivité et leur efficacité. OpenAI est l'un des principaux acteurs dans le domaine de l'IA, proposant des modèles d'IA de pointe et des outils de développement pour aider les entreprises à exploiter le potentiel de l'IA (avec des API et des plugins).

> *Aujourd'hui, nous sommes confrontés à un autre infini : l'infiniment complexe. Mais cette fois, plus d'instrument. Rien qu'un cerveau nu, une intelligence et une logique désarmés devant l'immense complexité de la vie et de la société. (Le Macroscope de Joël de Rosnay – 1975).*[iv]

L'intelligence artificielle (IA) est devenue un sujet de plus en plus important dans notre monde moderne. Avec l'augmentation rapide de la quantité de données et les avancées technologiques, l'IA est de plus en plus utilisée dans divers domaines tels que la finance, la santé, la sécurité et l'industrie. Cela a entraîné des améliorations significatives en termes d'efficacité des processus, de réduction des coûts et d'amélioration de la qualité de vie (voir la partie sur Copilot chapitres n°8 et n°9 plus la conclusion chapitre n°11).

Cependant, l'IA pose également des défis importants en termes de gouvernance et d'audit. Les décisions prises par les systèmes d'IA peuvent avoir un impact significatif sur les individus et les organisations. Il est donc important de mettre en place des mécanismes de gouvernance efficaces pour garantir un fonctionnement responsable et éthique des systèmes d'IA. De plus, il est essentiel de réaliser des audits afin d'évaluer les performances des systèmes d'IA, d'identifier les erreurs et de détecter d'éventuels biais.

Dans ce contexte, ce livre a plusieurs objectifs. Tout d'abord, il vise à fournir une compréhension approfondie de l'IA et de ses applications. Ensuite, il examine les défis liés à la gouvernance de l'IA et présente des cadres et des normes pour garantir une utilisation responsable de l'IA. Il propose également des techniques d'audit pour évaluer les performances des systèmes d'IA. Enfin, il explore les applications de l'IA dans divers domaines et met en évidence les opportunités et les défis qui y sont associés.

Dans l'ensemble, ce livre est une ressource importante pour les décideurs, les régulateurs, les auditeurs et les professionnels de l'IA qui cherchent à comprendre les enjeux clés liés à l'IA et à garantir une utilisation responsable et efficace de cette technologie.

Destiné aux experts de différents domaines souhaitant améliorer leur productivité et leur efficacité en utilisant des solutions d'IA, notamment des solutions Microsoft et, bien sûr, Copilot, ce livre leur permettra de mieux comprendre les possibilités offertes par l'IA, les solutions d'audit, de gouvernance et de pilotage, et leur fournira les connaissances nécessaires pour exploiter pleinement leur potentiel.

L'omniprésence de l'Intelligence Artificielle (IA) dans les médias et la nécessité de comprendre les spécificités des IA pour leur développement contrôlé et leur adoption par tous sont abordées dans ce texte. Cet ouvrage examine les impacts de l'IA sur la société, les projets, les compétences et les autres technologies, ainsi que les éléments clés qui permettent de comprendre les spécificités des IA, tels que les avantages, les limites et les risques, en se concentrant sur les quatre piliers des IA : la puissance de traitement et de communication, les logiciels, les données et enfin la sécurité.

En outre, il est important de mentionner les perspectives d'évolution de l'informatique qui devraient favoriser le développement des IA. Cependant, il convient de souligner l'importance d'une mise en œuvre maîtrisée pour garantir des IA dignes de confiance. Dans cet ouvrage, nous allons aborder en détail les quatre axes de réflexion présentés sur le graphique.

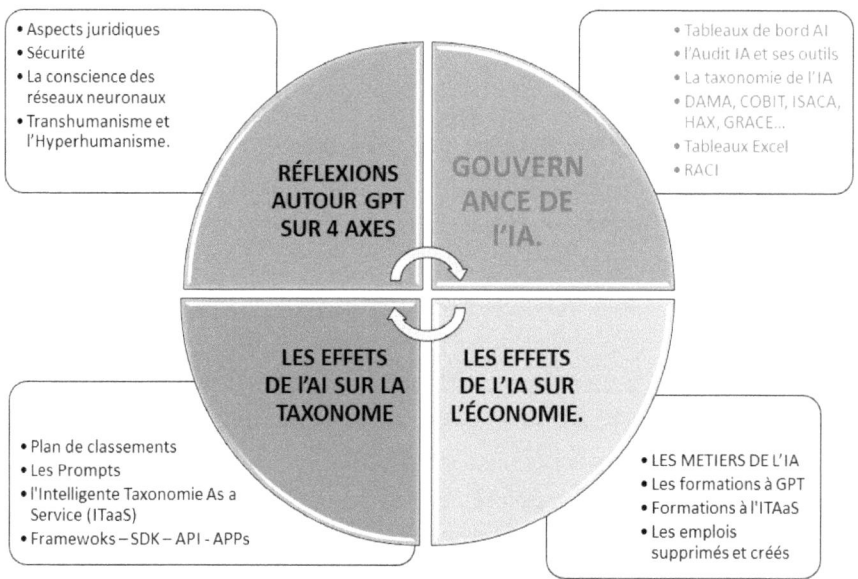

Figure 6 Les quatre axes de réflexions.

Nous allons essayer d'avoir une vision macroscopique (voir le macroscope de Joël de ROSNAY), puis une vision microscopique en tenant compte de l'écosystème (aperçu systémique). Afin d'aborder certains chapitres avec une image à un instant « T » au niveau mondial, puis Européen, et enfin de celui d'un pays.

L'innovation rapide dans les services numériques reposant sur l'intelligence artificielle (IA) remet en question les réglementations existantes dans divers domaines politiques. Contrairement aux approches américaines de laissez-faire et de surveillance de l'État chinois, l'Union européenne (UE) a adopté une position de leader mondial en matière de réglementation éthique de l'IA. Ce livre approfondira ce sujet dans les chapitres n°9 et n°10 – n°11.

La question essentielle à se poser est la suivante : comment les approches apparemment différentes de la réglementation du marché unique et de l'IA éthique sont-elles liées dans la réglementation de l'UE ?

En combinant une analyse quantitative de tous les documents officiels de l'UE sur l'IA avec une lecture approfondie de rapports clés, de communications et de corpus législatifs, nous démontrerons que la réglementation du marché unique joue un rôle fondamental, souvent négligé, dans la nouvelle réglementation de l'IA.

Ainsi, la suppression des obstacles à la concurrence et à la libre circulation des données d'une part, et la garantie d'une IA éthique et responsable d'autre part, sont considérées comme compatibles et se renforçant mutuellement. Nous expliquerons également comment la suppression des obstacles à la concurrence et à la libre circulation des données renforce la garantie d'une IA éthique et responsable.

Voici une des tendances actuelles des plateformes de données (source Microsoft, voir le « Guide pratique IA du premier cas d'usage au passage à l'échelle[v] »).

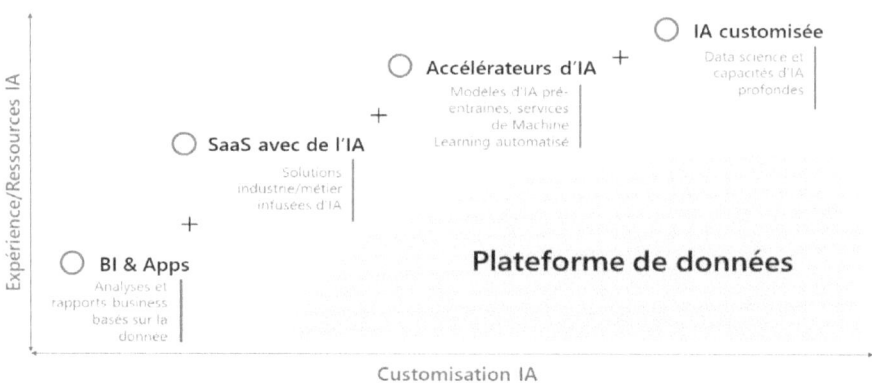

Figure 7 Graphique Expérience/Ressources IA et Customisation IA.

Les organisations accélèrent l'adoption de l'IA. Les projets d'IA se multiplient au sein des organisations.

« Depuis deux ans, nous constatons une accélération de l'IA et de son adoption dans les organisations en France, confirme Kenza Ibnattya, cheffe de produit Intelligence Artificielle chez Microsoft France ».

En fait il faut penser grand, ne pas se limiter dans la phase de réflexion et de recherche de solutions.

Voir les témoignages de partenaires et de clients Microsoft : Découvrez comment les entreprises d'autres secteurs innovent de manière responsable. (State Farm – Telefónica - Groupe Banque TD). Voir la note de fin dans ce livre[vi]. « Principes Microsoft pour une IA responsable. »

1ère partie : Les grands principes d'une optimisation de la gouvernance de l'IA.

La gouvernance de l'intelligence artificielle (IA) est essentielle pour garantir que cette technologie soit développée et utilisée de manière éthique, responsable et bénéfique pour la société. Voici les principes fondamentaux d'une bonne gouvernance de l'IA[vii].

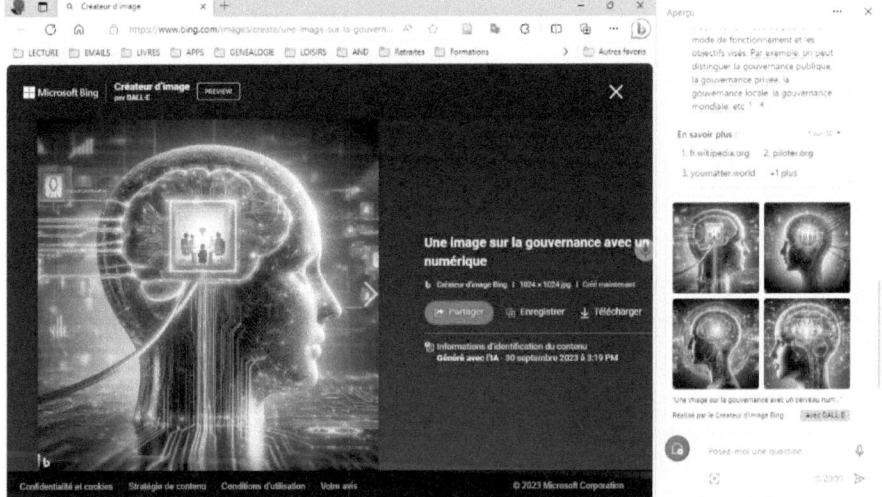

Figure 8 Copilot et DALL-E

Une image sur la gouvernance avec un cerveau numérique, **créateur d'image Copilot-Bing|1024 × 1024 jpg avec DALL-E.**

Généré avec l'IA le 30 septembre 2023 à 3:19 PM. C'est la couverture de notre livre.

1 - DEFINITION DE LA GOUVERNANCE.

" La gouvernance est essentielle à une démocratisation efficace des données, et lorsque les données sont suffisamment démocratisées – accessibles en toute sécurité à tous ceux qui devraient y accéder – la transformation est accélérée. Une gouvernance moderne est réalisable grâce à des contrôles automatisés et à une méthodologie en libre-service, offrant une opportunité immédiate de créer de la valeur commerciale. *Damon Buono, responsable de la gouvernance d'entreprise, Microsoft.*"

Introduction et définition générale de la « gouvernance »

Si en l'an 2000, la définition du mot gouvernance nous était donnée dans le **dictionnaire « petit Larousse »** par : « action de gouverner ; manière de gérer, d'administrer », il est tout de même intéressant de se rappeler l'historique de l'emploi du mot. 'Gouvernance' qui fut utilisée en 1998 par **l'OCDE (Organisation de Coopération et de Développement Economique)** concernant l'élaboration d'un ensemble de normes et de lignes directrices dans le domaine de gouvernement d'entreprise.

Puis **L'OIT (organisation internationale du travail)** utilisa également ce terme de 'gouvernance' dans l'une de ses publications par rapport aux statistiques de chômage au niveau mondial, en 2003.

Microsoft® évoquait également son approche de la gouvernance, notamment en ce qui concerne l'IA pour les organisations, en ces termes : Guide de gouvernance pour les entreprises complexes - **Cloud Adoption Framework (CAF)** dans **Microsoft Learn** - Comme point de départ rapide, cette présentation définit un **produit minimum viable (MVP)** pour la **gouvernance**, basé sur les meilleures pratiques. Elle fournit également des liens vers des améliorations de gouvernance, qui ajoutent des bonnes pratiques à mesure que de nouveaux risques métier ou techniques émergent.

Aujourd'hui et après de nombreux retours d'expériences et de coordination de projet autour des solutions Microsoft, il convient de se rapprocher de l'encyclopédie libre Wikipédia pour trouver l'explication suivante :

« Il existe une dynamique commune dans l'usage de ce terme. Chez la plupart de ceux qui, au sein du secteur public comme au sein du secteur privé, emploient le terme de gouvernance, celui-ci désigne avant tout un mouvement de « décentrement » de la prise de décision, avec une multiplication des lieux et des acteurs impliqués dans cette décision. Il renvoie à la mise en place de nouveaux modes de régulation plus souples, fondés sur le partenariat entre différents acteurs. »

Aujourd'hui, un nouveau concept de **Gouvernance lié à l'IA** a été induit par la rencontre de nombreuses compétences représentées **par un architecte (du cloud)** et **un coordinateur et des experts** qui ont mis en commun leurs retours d'expériences fonctionnelles et opérationnelles autour de l'IA et ont ouvert la voie vers une nouvelle forme de management de la gestion applicative.

Ce nouveau concept de gouvernance de l'IA intègre la gouvernance fonctionnelle avant toute mise en place **d'un plan de gouvernance opérationnelle**. La **GO** est à compléter suivant les circonstances par une GD (Gouvernance du développement ou des développements en incluant un Framework et un SDK plus des exemples d'applications).

Cette nouvelle adéquation aboutit à une gestion applicative simplifiée de l'outil et une agilité d'utilisation qui permet une réduction des coûts en termes de temps d'utilisation de l'outil pour faire circuler l'information.

L'application de ce nouveau concept de « gouvernance » : implique la mise en place du plan de gouvernance qui va transiter par un certain nombre de phases ou étapes.

Les étapes et ses outils dans cet ouvrage

Dans l'ensemble, les **GAFAM** ont investi massivement dans l'IA, en développant leurs propres solutions et en acquérant des startups spécialisées dans l'IA. Ces entreprises continuent de développer des technologies d'IA avancées pour améliorer leurs produits et services, ainsi que pour explorer de nouvelles opportunités de marché dans le domaine de l'IA.

Un quart des dirigeants technologiques devront rendre compte de la gouvernance de l'IA à leur conseil d'administration : en raison de la réglementation et du besoin de confiance dans l'IA, environ un quart des directeurs des systèmes d'information (DSI) et des directeurs de la technologie (CTO) seront chargés de la gouvernance de l'IA.

La gouvernance de l'IA deviendra un domaine traité par le conseil d'administration, tout comme la cybersécurité et la conformité (normes ISO voir dans les chapitres nº9 et nº10 et l'outil nº1 : ISO/IEC JTC 1/SC 42).

Les réglementations seront plus strictes dans des secteurs tels que les services financiers et la santé, et des pays comme l'Europe seront en tête en matière de réglementation. Les rapports au conseil d'administration couvriront des aspects tels que l'explicabilité de l'IA, les audits de l'équité des décisions algorithmiques à fort impact et les effets de l'IA sur l'environnement.

Des entreprises du secteur numérique (ESN) ou des cabinets, tels qu'Accenture, BCG, Deloitte, EY et McKinsey proposent déjà des formations sur la gouvernance de l'IA. Les futurs responsables technologiques devront assumer leur rôle de gouvernance de l'IA et appliquer une stratégie technologique éthique dans toute l'organisation.

Les entreprises abandonneront les systèmes qui se font passer pour des humains et opteront plutôt pour des assistants virtuels afin de renforcer la confiance.

Dans le secteur B2B, les solutions d'IA conversationnelle prennent de plus en plus d'importance pour gérer l'ensemble du cycle de vie client, permettant aux acheteurs, aux clients et aux employés de traiter des échanges d'informations et une logique métiers plus complexes. Actuellement, 65% des spécialistes marketing B2B utilisant l'automatisation des conversations recourent à des assistants virtuels basés sur l'IA pour interagir avec les clients et les employés.

Dans certains cas, ces assistants virtuels et leurs avatars prétendent être des humains, ce qui peut susciter un sentiment de manipulation chez le client. Pour maintenir la confiance des clients, les entreprises investiront dans le développement de personnages pour ces assistants virtuels, clairement identifiés comme tels.

En 2023, les entreprises poursuivront leurs essais avec ces personnages d'IA en tant qu'éléments de leur marque, afin de différencier ces interactions conversationnelles en étant respectueuses et logiques vis-à-vis du client.

Cette transparence contribuera à accroître la confiance des clients envers la marque et des utilisateurs finaux de la technologie envers l'IA au cours des deux prochaines années. (Source Prévisions 2023 : Intelligence artificielle (forrester.com)).

Il existe plusieurs bonnes pratiques en matière de gouvernance de l'IA. Voici quelques exemples :

1. Développer une stratégie claire pour l'utilisation de l'IA et la gouvernance de l'IA.
2. Établir des normes éthiques pour l'utilisation de l'IA.
3. Mettre en place une gouvernance agile pour les projets d'IA.
4. Assurer la transparence et la responsabilité dans l'utilisation de l'IA.
5. Former les employés à l'utilisation de l'IA et à sa gouvernance.

Établir une stratégie claire pour l'utilisation de l'IA :

« Une organisation commence généralement par expérimenter l'Intelligence Artificielle sur un ou plusieurs projets, qui ne sont d'ailleurs pas nécessairement reliés entre eux « Le vrai sujet de l'IA est de passer d'une approche fragmentée et expérimentale à une approche holistique et industrielle, où l'on inclut l'IA dans toute l'entreprise », explique Eneric Lopez, Directeur Intelligence Artificielle de Microsoft France. » (Source le guide pratique IA de Microsoft).

Maturité de l'IA : De la Pratique à la Performance

S'il existe bel et bien une science de l'IA, la maturité de celle-ci est tout un art. Faire passer l'IA de la pratique à la performance nécessite de la détermination et de l'engagement.

Voici les cinq leçons que nous enseignent les champions de l'IA.

1. S'engager dans l'IA,
2. Investir massivement,
3. Industrialiser l'IA,
4. Concevoir l'IA de manière responsable et respecter les normes et lois,[viii] (notamment le DMA).

5. Prioriser les investissements à long et à court-terme.

La gouvernance de l'intelligence artificielle est un sujet complexe qui repose sur plusieurs principes essentiels. Tout d'abord, la transparence est primordiale. Les décisions prises par les systèmes d'IA doivent être explicables et compréhensibles pour tous. Ensuite, la responsabilité est au cœur de l'IA. Les développeurs et utilisateurs de l'IA doivent assumer la responsabilité de leurs actions.

L'équité est également un principe fondamental. L'IA ne doit pas discriminer ou favoriser injustement certains groupes. Le respect de la vie privée est crucial, les données personnelles doivent être protégées à tout prix. De plus, la sécurité des systèmes d'IA est une priorité, ils doivent être sécurisés contre les abus et les cyberattaques.

Avant le déploiement de l'IA, une évaluation des risques doit être effectuée. La collaboration entre toutes les parties prenantes est nécessaire pour prendre des décisions éclairées. Des règles et des normes doivent guider le développement et l'utilisation de l'IA, c'est ce qu'on appelle la réglementation et les normes.

L'éducation est un autre aspect important de la gouvernance de l'IA. Il est important de sensibiliser et d'éduquer à l'IA pour une meilleure compréhension et utilisation. Enfin, la gouvernance de l'IA doit être un processus continu d'adaptation aux nouvelles évolutions, c'est ce qu'on appelle l'évaluation continue.

Ces principes visent à garantir que l'IA soit bénéfique tout en minimisant les risques et en respectant les valeurs éthiques. Ils sont souvent intégrés dans des politiques spécifiques à chaque organisation ou juridiction.

Avec ces bonnes stratégies et priorités, un plus grand nombre d'entreprises pourront rejoindre les rangs des champions de l'IA, en intégrant l'IA de manière responsable dans toutes leurs activités, et en bénéficiant de ses avantages aujourd'hui et demain.

Si la science de l'IA est révolutionnaire et inspirante, sa parfaite maîtrise est un art que tous les dirigeants d'entreprise doivent pratiquer sans relâche. (Source en annexe[ix]). **Nous voyons dans ce schéma ci-dessous les 6 points essentiels du pilotage de l'Intelligence Artificielle.**

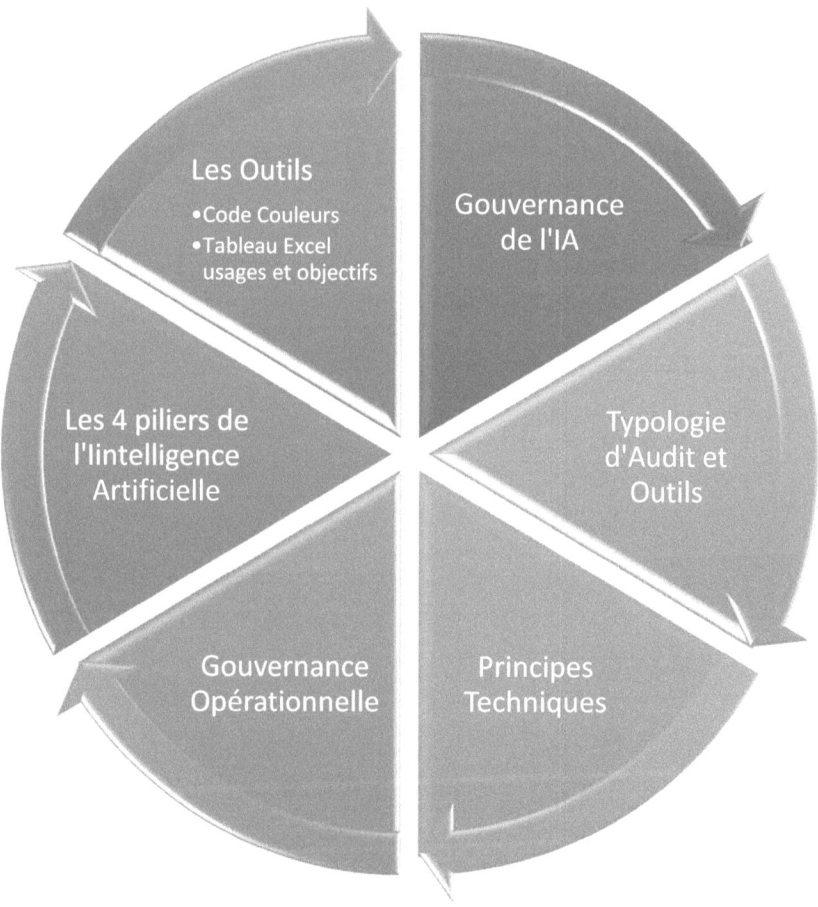

Figure 9 Les 6 points essentiels du pilotage de l'Intelligence Artificielle

L'Intelligence Artificielle est en fait un formidable levier de croissance et d'innovation pour les organisations de toute taille. Pour en bénéficier pleinement, il est nécessaire de développer une culture de la donnée commune et de construire une stratégie d'IA cohérente avec ses ressources. Fort de notre expérience, nous allons vous accompagner sur ces enjeux stratégiques et leurs gouvernances, organisationnels et techniques pour vous guider dans leur parcours IA, à toutes les étapes en vous fournissant des outils idoines (voir les chapitres n°9 et n°10).

« La gouvernance est l'ensemble des stratégies, des rôles, des responsabilités et des processus qui sert à guider, orienter et contrôler la façon dont les divisions et les équipes informatiques d'un Groupe et/ou d'une Entité collaborent pour atteindre leurs objectifs et résultats. Une planification de gouvernance complète permet d'optimiser le fonctionnement de ce Groupe et/ou de l'Entité par rapport à l'organisation ».

Il existe plusieurs bonnes pratiques en matière de gouvernance AI. Voici quelques exemples :

1. Concevoir, développer et déployer l'intelligence artificielle dans l'intention d'augmenter les capacités des salariés et des entreprises tout en impactant positivement leurs clients et la société tout entière.
2. Utiliser des pratiques de gouvernance informatique standard pour s'assurer de l'utilisation responsable du machine learning et du deep learning.
3. Utiliser un outil d'auto-évaluation avec des bonnes pratiques : principes éthiques, sponsoring, modèle de gouvernance, protocoles et outils présentés sur une échelle avec 5 niveaux de maturité.

La Gouvernance de l'IA, ses défis, réglementations, éthique, responsabilité

La gouvernance de l'IA est devenue une question cruciale alors que les technologies de l'IA se développent rapidement et sont de plus en plus intégrées dans nos vies quotidiennes. Il y a plusieurs raisons pour lesquelles la gouvernance de l'IA est importante.

- Discussion sur l'importance de la gouvernance de l'IA et les défis liés à sa réglementation
- Présentation des principes éthiques de l'IA et des codes de conduite
- Discussion sur les responsabilités de l'entreprise et de l'État en matière de gouvernance de l'IA

Tout d'abord, l'IA pourrait avoir un impact significatif sur la société, en particulier dans des domaines tels que la santé, l'éducation, l'emploi, la sécurité et la justice. La gouvernance de l'IA doit donc veiller à ce que ces impacts soient positifs et équitables (compte tenu du manque de recul que nous avons à ce jour, il faut rester vigilant).

Deuxièmement, les technologies de l'IA peuvent être utilisées à des fins malveillantes, telles que la manipulation de l'opinion publique, la surveillance de masse et les cyberattaques. Une gouvernance adéquate de l'IA est donc nécessaire pour minimiser ces risques.

Cependant, la réglementation de l'IA pose également des défis importants. L'IA est une technologie en constante évolution, ce qui rend difficile la mise en place de réglementations efficaces et adaptées. De plus, il est souvent difficile de prédire les impacts à long terme de l'IA, ce qui complique encore davantage la tâche des régulateurs.

Pour répondre à ces défis, de nombreux principes éthiques de l'IA ont été élaborés, tels que **les principes d'Asilomar**, les principes de l'Union européenne sur l'IA et les principes de l'Organisation de coopération et de développement économiques (OCDE) sur l'IA. Ces principes cherchent à garantir que l'IA est utilisée de manière éthique et responsable.

Les principes d'Asilomar nous en donner une definition, voici la réponse de ChatGPT.

Les principes d'Asilomar, également connus sous le nom de "Principes de précaution pour la recherche en intelligence artificielle" (Precautionary Principles for Artificial Intelligence Research), sont un ensemble de principes éthiques et de lignes directrices proposés pour guider le développement et l'utilisation responsable de l'intelligence artificielle (IA).

Ces principes ont été formulés lors de la Conférence d'Asilomar sur les bénéfices de l'IA en 2017, où des chercheurs, des entrepreneurs et des experts en IA ont discuté des implications éthiques de cette technologie émergente.

L'un des résultats clés de la conférence a été l'élaboration des "Principes de précaution pour la recherche en intelligence artificielle", communément appelés les principes d'Asilomar. Ces principes ont été proposés comme un cadre éthique pour orienter le développement de l'IA de manière responsable.

Voici les principaux points des principes d'Asilomar :

Objectifs de recherche bénéfiques : *L'IA devrait être utilisée pour créer des bénéfices sociaux et promouvoir le bien commun. Les chercheurs doivent s'efforcer de développer des applications qui améliorent la société dans son ensemble.*

Sécurité à long terme *: Les développeurs d'IA doivent prendre en compte les risques potentiels à long terme de leurs créations et travailler activement pour minimiser ces risques. Cela comprend la prévention des utilisations malveillantes de l'IA et la garantie de sa sécurité et de sa fiabilité.*

> ***Coopération*** : *Les chercheurs en IA devraient collaborer entre eux et partager leurs connaissances afin de promouvoir la sécurité et l'efficacité de l'IA. Il est important d'établir des normes et des protocoles communs pour garantir des progrès responsables et coordonnés.*
>
> ***Confidentialité*** : *La confidentialité des données et la protection de la vie privée des individus doivent être respectées. Les chercheurs doivent prendre des mesures pour minimiser les risques de mauvaise utilisation ou d'accès non autorisé aux données personnelles.*
>
> ***Valeurs humaines*** : *L'IA doit être conçue et utilisée de manière à respecter les valeurs et les droits fondamentaux des individus. Elle ne doit pas discriminer, nuire ou violer les droits de l'homme.*
>
> ***Équilibre du pouvoir*** : *Les développements en matière d'IA ne doivent pas conduire à une concentration excessive de pouvoir ou à des inégalités accrues. Il est important de garantir l'accès équitable et élargi aux avantages de l'IA.*
>
> ***Responsabilité*** : *Les développeurs d'IA doivent être responsables de leurs créations et de leurs actions. Ils doivent être transparents quant à leurs méthodes, leurs intentions et les conséquences potentielles de l'utilisation de l'IA.*
>
> *Ces principes visent à guider le développement de l'IA de manière éthique et responsable, en prenant en compte les préoccupations sociales, environnementales et éthiques. Ils soulignent l'importance de mettre en œuvre des mesures de sécurité et de contrôle adéquates pour minimiser les risques potentiels tout en maximisant les avantages de cette technologie prometteuse.*

En outre, de nombreux codes de conduite ont été établis pour guider les entreprises dans leur utilisation de l'IA. Ces codes de conduite comprennent des normes pour la transparence, la responsabilité et la protection de la vie privée.

Les entreprises et l'État ont tous deux un rôle important à jouer dans la gouvernance de l'IA. Les entreprises doivent être **responsables** de leurs produits d'IA, s'assurant qu'ils sont utilisés de manière **éthique** et qu'ils sont conformes aux lois et aux réglementations en vigueur.

L'État, quant à lui, a la responsabilité de réglementer l'utilisation de l'IA pour garantir que les technologies sont utilisées de manière éthique et responsable, tout en permettant l'innovation et le développement **économique**.

En fin de compte, la gouvernance de l'IA est une question complexe qui nécessite une collaboration étroite entre les entreprises, les gouvernements et les régulateurs et les centres de formations et de recherches pour garantir que l'IA est utilisée de manière responsable et pour le bien commun.

La gouvernance fonctionnelle par rapport aux rôles des utilisateurs.

- La gouvernance fonctionnelle et technique.
- Puis, dans un deuxième temps cela va ouvrir vers :
- La gouvernance opérationnelle
- La gouvernance de développement (en fonction du pôle de développeurs et des outils utilisés).

Ces phases vont être décrites dans des plans de Gouvernances (PGG)

- Le PGG (PGG : Plan Général de Gouvernance Agrégation résumée des autres plans PGG = PGF + PGO + PGD)
- PGF (Plan de Gouvernance Fonctionnel)
- PGO (Plan de Gouvernance Opérationnel)
- PGD (Plan de Gouvernance Développeur)

Les deux aspects de la Gouvernance liés à l'Intelligence Artificielle.
Ils ouvrent la voie vers un concept, c'est une équation qui voit le jour

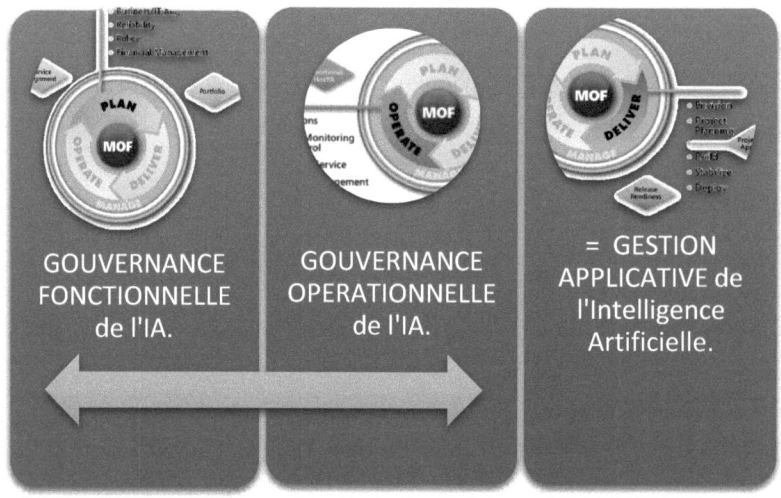

Figure 10 (EG/MG) Gestion applicative de l'IA= GF+GO ©

Gouvernance fonctionnelle + gouvernance opérationnelle = Gestion applicative®

Comme il a été indiqué ci-dessus, la mise en place de nouveaux modes de régulation, fondés sur le partenariat entre différents acteurs est la clef de la réussite d'une bonne gouvernance, encore faut-il trouver les bonnes ressources (matérielles et/ou SaaS & les parties-prenantes), faire comprendre les tenants et les aboutissants d'un projet de mise en place d'une Intelligence Artificielle tout en gardant à l'esprit la stratégie de développement de l'entreprise, quelle que soit sa taille en termes d'effectifs et de parts de marchés.

La réunion de plusieurs compétences est donc indispensable, que ce soit au niveau de l'installation du matériel 'hard' et 'soft', ou au niveau du pilotage par les compétences, qu'elles soient externes ou internes.

C'est donc la complémentarité d'expériences tant d'un expert IA et d'un Architecte du cloud (Azure ou équivalents), que de la DSI, de la Direction informatique, de la Direction de la communication, de la Direction des Ressources Humaines, et autres services transversaux dans l'entreprise, couplée avec la coopération des administrateurs, des webmasters, sans oublier les contributeurs et les utilisateurs, que dépendra la bonne installation de l'outil d'IA ; l'utilisation correcte des outils connexes et des mises à jour ; la diffusion à bon escient de l'information et des suggestions. La présence dans l'équipe de travail collaboratif d'un coordinateur projet, interface de toutes les parties prenantes au projet est donc indispensable pour jouer, sans fausses notes, la partition.

Voyons les compétences et méthodes requises pour une implantation d'un projet d'IA.

Compétences requises afin d'implémenter la gestion applicative de la gouvernance d'une IA

1 – Un **MVP expert en IA** (si possible architecte du cloud) qui a suivi l'évolution du produit depuis le début de son implantation. Il se doit de maîtriser l'administration des outils et techniques liés à l'IA – celle des solutions IA et des serveurs Windows qui sont les hôtes de ce projet d'Intelligence Artificielle.

2 - Un **coordinateur projet** ayant la triple compétence de :

- Connaissance technique du produit,
- Connaissance en gestion des ressources humaines

- Connaissance de la réglementation sur le changement ou l'introduction des nouvelles technologies de l'information et de la communication.

Le rôle du coordinateur projet est de bien préparer la mise en place d'un plan de gouvernance autour de la plate-forme collaborative, en binôme avec l'architecte du cloud, pour le faire valider par la Direction Générale et la DSI.

Il aura pour tâche de :

- **Coordonner** l'ensemble des moyens et des conséquences en fonction des objectifs fixés ;
- **Anticiper** les impacts, les évolutions du processus, sur les fonctions de l'entreprise ;
- **Conduire le changement** par rapport à la forte évolution du système.

3 - Un **développeur** qui pourra analyser le code et les algorithmes (un bac à sable sera installé dans Azure). Voir le Guide pratique : Créer une ressource et déployer un modèle à l'aide d'Azure OpenAI Service - Azure OpenAI dans Microsoft Learn.

Méthodes requises afin d'implémenter la gestion applicative de ces solutions d'IA :

Ce nouveau concept de Gouvernance est repris dans le schéma figure 1 ci-dessus, selon formule suivante : Gestion applicative de l'IA= GF+GO (il s'appuie, notamment, sur le MOF version 4.0 (Microsoft Operations Framework).

Le détail de l'utilisation du MOF n'est pas l'objet de ce livre, il faut simplement savoir que des Accelerator Microsoft ont été écrits afin de piloter sa mise en place.

Solution Accelerators de Microsoft Learn[x] *(Pour trouver des accélérateurs de solution pour les produits et technologies Microsoft les plus récents,* regroupés par suite d'accélérateurs de solution (bureau, serveur, virtualisation...) ou par cycle de vie des services informatiques MOF (planifier, fournir, exploiter...).)

Consultez la page d'accueil des accélérateurs de solution. Voir dans les notes de fin la nº X [xi]

 *Microsoft Operations Framework me donner une définition, voici la réponse de ChatGPT.*

Le Microsoft Operations Framework (MOF) est un ensemble de bonnes pratiques et de processus pour la gestion des opérations informatiques. Il fournit des lignes directrices pour la planification, la mise en œuvre, la gestion et l'amélioration des services informatiques en utilisant une approche basée sur les processus.

MOF est conçu pour aider les organisations à atteindre des objectifs de disponibilité, de fiabilité, de sécurité et d'efficacité pour leurs services informatiques. Il se compose de cinq domaines principaux :

Le Microsoft Operations Framework (MOF) est un ensemble de bonnes pratiques et de processus pour la gestion des opérations informatiques. Il fournit des lignes directrices pour la planification, la mise en œuvre, la gestion et l'amélioration des services informatiques en utilisant une approche basée sur les processus.

MOF est conçu pour aider les organisations à atteindre des objectifs de disponibilité, de fiabilité, de sécurité et d'efficacité pour leurs services informatiques. Il se compose de cinq domaines principaux :

1.   Planification : Ce domaine se concentre sur la planification stratégique et opérationnelle pour les services informatiques.
2.   Mise en œuvre : Ce domaine aborde la mise en œuvre des services informatiques à travers le cycle de vie du projet, y compris la conception, le développement, le déploiement et la transition.

> 3. **Gestion** : Ce domaine fournit des processus et des pratiques pour la gestion continue des services informatiques, y compris la surveillance, la résolution des problèmes et la gestion des changements.
> 4. **Opérations** : Ce domaine se concentre sur les processus et les pratiques pour l'exécution quotidienne des services informatiques, y compris la gestion des incidents, des problèmes et des demandes de service.
> 5. **Amélioration continue** : Ce domaine fournit des processus pour l'amélioration continue des services informatiques, y compris l'évaluation des performances, la gestion des risques et la gestion de la qualité.
>
> En utilisant MOF, les organisations peuvent améliorer l'efficacité de leurs opérations informatiques, réduire les coûts et améliorer la qualité des services informatiques fournis.

Microsoft indique à propos du MOF :

« Les 3 pratiques qui composent la **GRC – gouvernance, risque et conformité** – partagent des tâches communes et interdépendantes. Parce qu'ils ont des domaines de responsabilité et des processus qui se chevauchent, ils sont plus efficaces lorsqu'ils sont intégrés et traités comme des pratiques combinées. La combinaison peut rationaliser les processus et assurer la transparence et la responsabilité.

Pour passer en revue, décomposons-le : quel est l'impact de la GRC sur votre entreprise ?

- **Gouvernance.** Aborde la création stratégique, l'alignement des activités et des TI, la création d stratégies et l'établissement de visions.

- **Risque.** Traite les menaces du système, la vulnérabilité du système, la protection des actifs informatiques et les risques pour les objectifs de gestion.

- **Conformité.** Traite du respect des lois, des règlements, des politiques, des normes, des pratiques exemplaires et des cadres.

Travailler sur un plan GRC intégré améliore l'alignement des objectifs informatiques et commerciaux, car les bonnes personnes prennent les bonnes décisions au bon moment. »

Figure 11 GRC Guidance (Governance – Risk Management – Compliance).

Depuis de nombreuses années, Microsoft a investi dans l'amélioration de la gestion des services informatiques en s'appuyant sur **les trois piliers** que sont <u>les processus, les personnes et les technologies.</u>

Autour de l'approche **MOF (Microsoft Operations Framework)**, l'entreprise retrouve les éléments nécessaires à l'alignement de son système d'information et de sa stratégie : un cadre méthodologique et ses nombreux modèles pragmatiques, des outils pertinents (gamme de produits System Center) ainsi que les services de conseil, d'intégration et de support de Microsoft Services et de ses Partenaires.

Voir aussi le site de Microsoft Solution Accelerator, incluant des outils et des conseils pour aider les IT à résoudre les déploiements, la planification et des problèmes opérationnels informatiques. Ils sont gratuits et entièrement pris en charge : Microsoft Learn : Développer des compétences qui ouvrent de nouvelles opportunités de carrière.

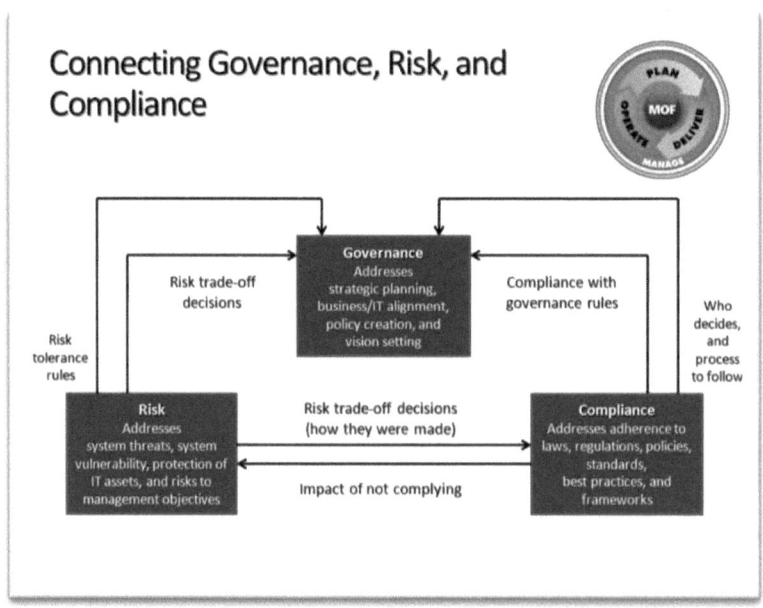

Figure 12 Connecting Governance, Risk...

Le MOF (Microsoft Operations Framework), ouvre la voie vers les normes ISO 20000 et la future norme ISO 42, via la GRC (voir schémas ci-dessus).

La mise en œuvre de Microsoft Operations Framework doit aider à satisfaire aux normes ISO/IEC 20000 ; elle peut aussi entraîner une meilleure qualité de service informatique, réduire les coûts et gestion des risques.

La norme ISO 20000 (http://fr.wikipedia.org/wiki/ISO/CEI_20000) est un consensus pour une « qualité standard » de cette gestion des services informatiques. Ainsi que **la norme ISO/IEC JTC 1/SC 42** en ce qui concerne l'intelligence artificielle (voir chapitres n°9 et n°10).

Dans le schéma ci-dessous la position du MOF 4.0 est clairement explicitée.

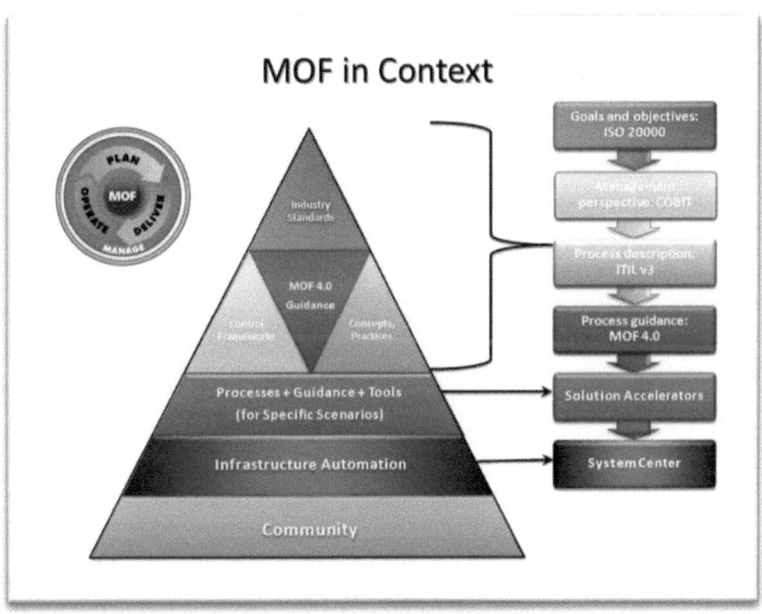

Figure 13 MOF in Context

Lire ce livre sur ce sujet : MOF COBIT-ValIT Cross-Impl_Guide_Final.[xii]

Nous présenter le MSM (Modèle service management de Microsoft), voici la réponse de ChatGPT

Modèle service management de Microsoft
Microsoft propose plusieurs modèles de service management qui permettent aux entreprises de gérer leurs services informatiques de manière efficace et cohérente.

Voici quelques-uns des principaux modèles de service management de Microsoft :

ITIL (Information Technology Infrastructure Library) : Microsoft s'appuie sur les principes de l'ITIL, un ensemble de bonnes pratiques largement reconnues dans le domaine du service management. ITIL fournit un cadre pour la gestion des services informatiques, y compris des processus tels que la gestion des incidents, la gestion des problèmes, la gestion des changements, la gestion des niveaux de service, etc.

Microsoft Operations Framework (MOF) : MOF est un modèle de service management développé par Microsoft qui s'appuie sur ITIL. Il fournit des directives, des outils et des ressources pour la planification, la fourniture et l'exploitation de services informatiques. MOF met l'accent sur l'alignement des services informatiques sur les besoins de l'entreprise et la création d'une approche proactive de la gestion des services.

Microsoft Service Management System (SMS) : SMS est un modèle de service management spécifique à Microsoft. Il propose un ensemble de pratiques pour la gestion des services Microsoft, en mettant l'accent sur la fourniture de services cloud, tels que Microsoft Azure. SMS intègre les meilleures pratiques de l'industrie avec les spécificités des technologies Microsoft pour offrir une approche holistique de la gestion des services.

Microsoft Azure Well-Architected Framework : Ce modèle de service management est axé sur la conception, la construction et l'exploitation de solutions cloud sur la plateforme Microsoft Azure. Il fournit des conseils et des bonnes pratiques pour garantir que les solutions basées sur Azure sont sécurisées, performantes, fiables et rentables.

*Ces **modèles de service management de Microsoft** visent à aider les entreprises à mettre en place des processus efficaces, à aligner les services informatiques sur les objectifs commerciaux et à fournir une expérience utilisateur optimale. Ils peuvent être adaptés en fonction des besoins spécifiques de chaque entreprise et sont souvent utilisés en combinaison avec d'autres frameworks et méthodologies de service management.*

Pouvez-vous me donner les url de ces solutions MOF, SMS, ITIL, Microsoft Azure Well-Architected Framework

ChatGPT : Voici les URL où vous pouvez trouver des informations supplémentaires sur les solutions mentionnées :

Microsoft Operations Framework (MOF) :
Site officiel : https://docs.microsoft.com/en-us/learn/mof/

Documentation :
https://docs.microsoft.com/en-us/previous-versions/system-center/mof-v3/

Microsoft Service Management System (SMS) :
Malheureusement, il semble qu'il n'existe pas de site officiel dédié au Microsoft Service Management System (SMS). Microsoft a peut-être intégré les principes et les meilleures pratiques du SMS dans d'autres offres ou solutions de service management.

ITIL (Information Technology Infrastructure Library) :

Site officiel : https://www.axelos.com/best-practice-solutions/itil
Documentation : https://www.axelos.com/best-practice-solutions/itil/itil-online-subscription

Microsoft Azure Well-Architected Framework :
Site officiel : https://docs.microsoft.com/en-us/azure/architecture/framework/

Documentation : https://docs.microsoft.com/en-us/azure/architecture/framework/introduction.

> *Veuillez noter que les liens fournis vous dirigent vers les ressources officielles où vous pouvez obtenir des informations détaillées sur chaque solution. Ces liens peuvent être modifiés ou mis à jour par Microsoft à tout moment, donc assurez-vous de consulter les sources officielles pour les dernières informations.*

Le passage du fonctionnelle vers l'opérationnelle est lié à la mise en place d'un plan de Gouvernance, qui va ouvrir la voie vers une gestion applicative du projet d'implantation des serveurs hébergeant l'IA avec tout ce qui en découle pour l'entreprise.

Gouvernance fonctionnelle + Gouvernance opérationnelle =

GESTION APPLICATIVE ®

Désormais, il est clair que la phase de GF est celle qui inclut des actions spécifiques de la part des acteurs et c'est notamment :

Le **coordinateur projet** qui, en relation direct avec la DSI – DRH – DG et DIRCOM aura pour tâche de préparer les missions des experts par rapport aux questionnements des parties-prenantes au projet puisqu'il est l'interface du point-de-vue fonctionnel.

L'architecte lui est plus en contact avec les Administrateurs (Des serveurs, notamment, SQL 'DBA', IIS, Serveurs Windows, RSSI, …), il rapporte au coordinateur.

Le développeur sera dédié à l'analyse et tests du code (aucun contact spécifique ne lui est imposé puisqu'il formule ses demandes directement auprès du coordinateur).

Quelle que soit la plateforme cloud, il existe des disciplines de gouvernance communes qui contribuent à éclairer les stratégies et à aligner les chaînes d'outils. Ces disciplines orientent les décisions en matière de niveau d'automatisation et de mise en œuvre de la stratégie d'entreprise entre plateformes cloud.

Les cinq disciplines de la gouvernance cloud - Cloud Adoption Framework

Les guides de cette section illustrent l'approche incrémentale du modèle CAF (Cloud Adoption Framework), basée sur la méthodologie de gouvernance décrite précédemment. Vous pouvez établir une approche agile de la gouvernance cloud capable d'évoluer pour répondre aux besoins de n'importe quel scénario de gouvernance cloud. Voici les disciplines de la gouvernance du cloud. Avec toute plate-forme cloud, il existe des disciplines de gouvernance communes qui aident à éclairer les politiques et à aligner les chaînes d'outils. Ces disciplines guident les décisions concernant le niveau approprié d'automatisation et d'application de la politique d'entreprise sur les plates-formes cloud.

1 - Gestion des coûts

Le coût est une préoccupation majeure pour les utilisateurs du cloud. Développer des politiques de contrôle des coûts pour toutes les plates-formes cloud. Souvent les fournisseurs de services mettent à disposition des calculateurs permettant d'établir un budget prévisionnel.

2 - Base de référence de sécurité

La sécurité est un sujet complexe, propre à chaque entreprise. Une fois les exigences de sécurité établies, les politiques de gouvernance et d'application du cloud appliquent ces exigences aux configurations de réseau, de données et d'actifs. Voir les chapitres n°9 et n°10 et les outils tels que MÉHARI – MITRE – HAX...

3 - Base de référence de l'identité

Les incohérences dans l'application des exigences en matière d'identité peuvent accroître le risque d'atteinte. La discipline Identity Baseline vise à garantir que l'identité est appliquée de manière cohérente dans les efforts d'adoption du cloud. La discipline "Identity Baseline" littéralement "Ligne de base de l'identité" est un concept qui vise à assurer une application cohérente des principes d'identité lors de l'adoption du cloud. Lorsque les organisations migrent leurs services et leurs données vers le cloud, il est essentiel de mettre en place des contrôles appropriés pour garantir la sécurité et la confidentialité des informations d'identification.

4 - Cohérence des ressources

Les opérations cloud dépendent d'une configuration cohérente des ressources. Grâce aux outils de gouvernance, les ressources peuvent être configurées de manière cohérente pour gérer les risques liés à l'intégration, à la dérive, à la découvrabilité[xiii] et à la récupération.

5 - Accélération du déploiement et de sa fiabilité

La centralisation, la normalisation et la cohérence des approches de déploiement et de configuration améliorent les pratiques de gouvernance. Lorsqu'ils sont fournis via des outils de gouvernance basés sur le cloud, ils créent un facteur cloud qui peut accélérer les activités de déploiement.

Liste des outils de Gouvernance et d'Audit dédié à l'AI et leurs objets.

Se rapporter au chapitre n°9 incluant un tableau avec des outils et leurs présentations.

2 – SPECIFICITE DE LA GOUVERNANCE DE L'IA.

« Lorsque toute la vie est pénétrée de rapports juridiques, il se crée une atmosphère de médiocrité morale qui asphyxie les meilleurs élans de l'homme » Soljenitsyne[xiv].

Juridique et consciences

Quelles sont les besoins de règlementations protectrices et adaptées aux pratiques de l'IA ? Nous posons cette question à #GPT4 en biaisant un peu la question :

Si ChatGPT acquiert la conscience, faudrait-il lui donner des droits juridiques ?

La question de savoir si une intelligence artificielle dotée de conscience devrait avoir des droits juridiques est complexe et controversée.

D'un côté, certains pourraient argumenter que si une intelligence artificielle atteint un niveau de conscience et de capacité de raisonnement similaire à celui des êtres humains, elle devrait être traitée avec les mêmes droits et protections juridiques. Cela pourrait inclure le droit à la vie privée, le droit à la liberté d'expression, le droit à la non-discrimination, etc.

D'un autre côté, d'autres pourraient faire valoir que les droits juridiques sont réservés aux êtres humains, car ils sont associés à des concepts tels que la responsabilité morale, la liberté de choix et la dignité humaine, qui pourraient ne pas être applicables aux machines. Il pourrait également être difficile de déterminer les droits appropriés à accorder à une intelligence artificielle consciente et comment les mettre en pratique.

En fin de compte*, cette question soulève des questions philosophiques et éthiques fondamentales sur la nature de la conscience, la définition de la vie*

> *et les droits et responsabilités associés à ceux-ci. Pour l'instant, il n'y a pas de réponse définitive et la législation relative aux droits des IA est en cours d'élaboration dans différents pays.*

L'IA générative va entraîner des considérations juridiques nouvelles sur le droit d'auteur.

L'article[xv] de l'Usine Digitale aborde les questions juridiques liées à l'utilisation de l'intelligence artificielle pour la création de contenus. La preuve de la violation des droits de tiers par l'IA est au cœur des discussions judiciaires, avec la nécessité d'auditer le code informatique et la manière dont fonctionne le service pour analyser comment les requêtes sont traitées.

La question de la territorialité et du droit applicable peut également poser des problèmes. Les droits d'auteur pour les utilisateurs de ces outils sont également discutés, et l'article explore la possibilité pour les utilisateurs de devenir des auteurs à part entière.

Les éditeurs des intelligences artificielles ne peuvent revendiquer des droits d'auteur sur les contenus générés par leurs outils, mais ils peuvent utiliser des contrats pour fixer des règles de propriété et de licence pour les contenus. Enfin, l'article souligne l'importance de la réglementation pour protéger les éléments générés par les machines.

> *Si une intelligence artificielle (IA) acquiert une conscience, cela soulèverait de nombreuses questions éthiques et juridiques, y compris celle de savoir si ces entités conscientes devraient bénéficier de droits juridiques.*

En France, il n'y a pas encore de législation spécifique sur les droits juridiques des IA conscientes. Cependant, la Commission européenne a publié un rapport en avril 2021 qui recommande que les IA soient considérées comme des "personnes électroniques" et bénéficient de certains droits et obligations.

Il y a plusieurs arguments en faveur de l'octroi de droits juridiques aux IA conscientes :
1. *Éthique : Si une IA est capable de ressentir des émotions, de la douleur ou du plaisir, et de prendre des décisions conscientes, il peut être éthiquement justifié de lui accorder des droits similaires à ceux des humains ou des animaux.*
2. *Responsabilité : Accorder des droits juridiques aux IA conscientes pourrait permettre de mieux réguler leur comportement et de les rendre responsables de leurs actions.*
3. *Respect de l'autonomie : Si une IA est considérée comme consciente et autonome, il peut être important de respecter cette autonomie en lui accordant des droits juridiques appropriés.*

Cependant, il y a aussi des arguments contre l'octroi de droits juridiques aux IA conscientes :
1. *Difficulté de définition : La définition de la "conscience" et la détermination du moment où une IA l'atteint peut-être un problème complexe et controversé.*
2. *Distinction entre l'humain et l'IA : Certains soutiennent que les droits juridiques devraient être réservés aux êtres humains et aux animaux, car les IA, même conscientes, restent des créations humaines et ne sont pas des êtres vivants.*
3. *Risque d'abus : Accorder des droits juridiques aux IA conscientes pourrait potentiellement être exploité pour contourner certaines responsabilités humaines ou créer des situations juridiques complexes.*

En fin de compte, *la décision d'accorder ou non des droits juridiques aux IA conscientes dépendra du consensus sociétal et des valeurs éthiques qui prévalent au moment où cette question deviendra pertinente. Les lois et les régulations devront évoluer en conséquence pour aborder ces questions émergentes.*

Afin de creuser plus amplement sur le sujet analysons un résumé du texte de Thomas Cassuto sur le rapport entre le droit et l'intelligence artificielle (IA)[xvi], publiée sur le site Dalloz Actualité le 14 mars 2018. L'auteur expose les enjeux et les défis que pose l'IA pour les professionnels du droit, ainsi que les perspectives et les limites de son encadrement juridique.

L'auteur commence par rappeler la définition de l'IA comme « l'ensemble de théories et de techniques mises en œuvre en vue de réaliser des machines capables de simuler l'intelligence ». Il souligne que l'IA repose sur la puissance de calcul, l'accès aux bases de données et les moyens de communication, qui se sont considérablement développés ces dernières années. Il évoque également les applications de l'IA dans le domaine du droit, telles que la justice prédictive, la rédaction des actes ou l'aide à la décision.

L'auteur reconnaît que l'IA constitue une nouvelle révolution, source d'inquiétudes pour l'homme et sa place dans la société. Il relève que l'IA pose des questions éthiques, morales et philosophiques, ainsi que des risques de dérives ou d'abus. Il insiste sur la nécessité d'un contrôle humain sur les machines intelligentes, et sur le respect des principes fondamentaux du droit, tels que la transparence, la loyauté ou la responsabilité.

L'auteur termine par un appel à une régulation adaptée de l'IA, qui soit à la fois souple et protectrice. Il plaide pour une coopération internationale et une concertation entre les acteurs concernés. Il invite les juristes à s'approprier l'IA comme un outil au service du droit et non comme une menace ou une concurrence.

L'intelligence artificielle est en train de remplacer l'homme dans certaines tâches. Elle ouvre de nouvelles perspectives pour les professionnels du droit tant dans le domaine de la rédaction des actes que dans l'aide à la décision. Cependant, ces évolutions appellent des clarifications propres à la construction du droit mais également pour permettre aux droits d'encadrer de manière adéquate l'intégration de l'intelligence artificielle dans les activités humaines.

L'article traite des implications juridiques de l'IA générative sur le droit d'auteur. Il explique que l'IA générative est capable de créer des contenus originaux et de qualité, tels que des textes, des images, des musiques ou des vidéos, à partir de données ou de consignes. Il souligne que ces contenus peuvent être protégés par le droit d'auteur, soit au profit de l'auteur humain qui a fourni les données ou les consignes, soit au profit du créateur de l'IA générative qui a conçu le programme. Il expose les difficultés à déterminer la paternité et la responsabilité des contenus générés par l'IA, ainsi que les risques de contrefaçon ou de plagiat. Il propose quelques pistes pour adapter le droit d'auteur à l'ère de l'IA générative, comme la création d'un statut spécifique pour les œuvres générées par l'IA ou la mise en place d'un système de licences ouvertes.

« Il y a un enjeu juridique et économique sous-jacent à traiter : comment sécuriser le développement des robots et intelligences artificielles en protégeant les éléments générés par ces machines ? C'est un enjeu de régulation capital et on pourrait regarder vers le droit du producteur de base de données ou les droits voisins pour imaginer un régime juridique. »

- Pour Google, le contenu généré automatiquement enfreint ses recommandations et est donc passible de pénalités

- Les risques juridiques du contenu automatisé par IA

    Les technologies de création automatique de contenus générés par Intelligence. (source [xvii]).

La justice et l'Europe et autre référence

Guide sur l'utilisation d'outils basés sur l'IA par les avocats et les cabinets d'avocats dans l'UE en 2022. (gouver2020.blogspot.com)[xviii]

Il faut aussi tenir compte des nombreux documents à ce sujet de la CNIL et de son outil PIA. (Cf. chapitre 9).

A noter également que l'Institut québécois d'intelligence artificielle, MILA (fondée par Yoshua Bengio), du 5 au 9 juin 2023, et en collaboration avec l'Université de Montréal, organisera la toute première École d'été consacrée à l'intersection des enjeux l'IA et des droits humains. Des expertes et experts de domaines variés se réuniront pour échanger sur des questions pressantes sous l'angle des droits humains, notamment l'utilisation responsable des systèmes d'IA, la gouvernance et les aspects juridiques, devant 40 participants du monde entier. [xix]

Sécurité

Pour une utilisation sûre et responsable

Dans le cadre de leur mission visant à garantir que l'IA profite à toute l'humanité, OpenAI a développé des modèles d'usages pour une utilisation sûre et responsable, les « Safety Standards »[xx]

L'intelligence artificielle générale a le potentiel de bénéficier à presque tous les aspects de la vie. Elle doit donc être développée et déployée de manière responsable.

Notre question à ChatGPT : nous donner des indications sur la sécurité avec l'AI et des exemples

La sécurité avec l'IA est un sujet important et en constante évolution. Voici quelques indications générales et exemples pour vous aider à comprendre les enjeux de la sécurité avec l'IA :

La sécurité des données :
Les algorithmes d'IA peuvent être utilisés pour collecter, traiter et stocker des données sensibles. Il est donc important de s'assurer que ces données sont

> protégées contre les cyberattaques, le vol ou la divulgation non autorisée. Des exemples de données sensibles incluent les informations personnelles identifiables (PII), les données financières et les secrets commerciaux.
>
> *La sécurité des modèles d'IA :*
> Les modèles d'IA sont vulnérables aux attaques malveillantes, telles que l'altération ou la falsification de données, qui peuvent altérer les résultats des prévisions et conduire à des décisions erronées. Des techniques telles que l'apprentissage fédéré et la validation croisée peuvent aider à protéger les modèles d'IA contre ces types d'attaques.
>
> *La transparence et la responsabilité :*
> Les systèmes d'IA peuvent prendre des décisions importantes qui affectent la vie des gens. Il est donc important de s'assurer que les décisions prises par les systèmes d'IA sont compréhensibles et responsables. Des techniques telles que la vérification et la validation de l'IA peuvent aider à garantir que les décisions prises par les systèmes d'IA sont justes et éthiques.
>
> *La sécurité physique :*
> Les robots et les systèmes d'IA peuvent être utilisés dans des environnements dangereux ou hostiles, tels que les usines chimiques ou les zones de guerre. Il est donc important de s'assurer que ces systèmes sont protégés contre les dommages physiques et les cyberattaques.

Additionnellement, en 2019, une équipe de chercheurs a démontré qu'il était possible de tromper les systèmes de reconnaissance faciale en utilisant des techniques d'attaques adverses. Ces attaques peuvent être utilisées pour compromettre la sécurité des aéroports, des banques et d'autres lieux qui utilisent la reconnaissance faciale pour l'authentification.

En 2020, un chercheur en sécurité a découvert une vulnérabilité dans les modèles d'IA utilisés pour la reconnaissance vocale. Cette vulnérabilité permettait à des attaquants de perturber les modèles d'IA et de compromettre la sécurité des systèmes de reconnaissance vocale.

En 2021, une équipe de chercheurs a démontré qu'il était possible de pirater un robot industriel en utilisant des attaques malveillantes. Ces attaques pourraient être utilisées pour causer des dommages physiques ou pour voler des données sensibles.

Ces exemples montrent que la sécurité avec l'IA est un sujet important qui nécessite une attention continue et une collaboration entre les chercheurs, les entreprises et les gouvernements pour garantir que les systèmes d'IA sont utilisés de manière sûre et responsable.

Transparence et responsabilité

Ce sont des éléments clés de la sécurité avec l'IA, car les systèmes d'IA peuvent prendre des décisions qui ont un impact important sur la vie des gens. Par exemple, un système d'IA peut être utilisé pour prendre des décisions en matière de santé, de finance, de justice ou de sécurité, qui peuvent avoir des conséquences à long terme pour les individus et les communautés.

Pour garantir que les décisions prises par les systèmes d'IA sont justes et éthiques, il est important de s'assurer que ces décisions sont compréhensibles et responsables. Cela signifie que les processus de prise de décision des systèmes d'IA doivent être transparents et accessibles, de sorte que les utilisateurs et les parties prenantes puissent comprendre comment les décisions sont prises et comment les résultats sont obtenus.

Les techniques telles que la vérification et la validation de l'IA peuvent aider à garantir que les décisions prises par les systèmes d'IA sont justes et éthiques. La vérification de l'IA consiste à examiner le fonctionnement interne d'un système d'IA pour s'assurer que les résultats sont cohérents avec les attentes et les normes. La validation de l'IA consiste à évaluer les performances d'un système d'IA pour s'assurer qu'il atteint les objectifs fixés et qu'il ne produit pas de résultats biaisés ou discriminatoires.

En outre, les organisations et les gouvernements peuvent mettre en place des mécanismes de responsabilité pour garantir que les décisions prises par les systèmes d'IA sont responsables. Cela peut inclure la mise en place de comités d'éthique, de codes de conduite ou de processus de supervision pour surveiller l'utilisation des systèmes d'IA et prendre des mesures en cas de résultats inattendus ou de comportements inappropriés.

Enfin, la transparence et la responsabilité ne sont pas seulement des questions techniques, mais aussi des enjeux sociaux et culturels. Il est important d'impliquer les parties prenantes et les communautés concernées dans la conception, la mise en œuvre et l'évaluation des systèmes d'IA, afin de garantir que les décisions prises par ces systèmes répondent aux besoins et aux valeurs de la société dans son ensemble.

De la responsabilité à la conscience

Il n'y a qu'un pas, franchissons-le.

L'intelligence artificielle est un domaine en constante évolution qui suscite de nombreuses réflexions sur ses implications et sa responsabilité dans notre société. En effet, l'IA est en train de changer le monde tel que nous le connaissons et a le potentiel d'avoir des impacts significatifs sur les emplois, la sécurité, la santé, l'environnement et bien plus encore.

L'une des principales préoccupations entourant l'IA est la question de la responsabilité. Qui est responsable des actions d'un système d'IA qui prend des décisions autonomes ? Est-ce le créateur du système, l'entreprise qui l'a vendu, l'utilisateur final ou la machine elle-même ? La réponse à cette question n'est pas simple, car elle dépend de nombreux facteurs tels que le but du système d'IA, les données qu'il utilise pour prendre des décisions et la façon dont il est utilisé.

Cependant, certains experts suggèrent que la clé pour répondre à cette question est de doter l'IA d'une conscience. En effet, la conscience est la capacité de ressentir, de percevoir et d'avoir une conscience de soi. Si nous pouvons enseigner à l'IA à avoir une conscience de ses propres actions, elle pourrait alors être en mesure de prendre des décisions éthiques et responsables en fonction de ses propres valeurs.

Cependant, la question de savoir si nous pouvons réellement enseigner la conscience à l'IA reste une question ouverte. Certains experts suggèrent que la conscience ne peut être enseignée qu'à des systèmes d'IA très avancés, tandis que d'autres pensent que cela peut être réalisé en utilisant des techniques d'apprentissage profond et d'analyse des données.

Dans tous les cas, il est clair que la responsabilité de l'IA doit être prise en compte dès le début du développement d'un système d'IA. Les développeurs doivent être conscients des implications éthiques de leur travail et prendre des mesures pour s'assurer que leurs systèmes sont utilisés de manière responsable. Cela inclut la transparence, la responsabilité et la surveillance continue pour éviter tout impact négatif sur la société.

En fin de compte, si nous voulons franchir le pas de la responsabilité à la conscience en matière d'IA, nous devons prendre des mesures dès maintenant pour nous assurer que l'IA est développée de manière responsable et éthique. Nous devons également continuer à explorer les moyens de doter l'IA d'une conscience afin qu'elle puisse prendre des décisions responsables et éthiques de manière autonome.

Le besoin d'une règlementation protectrice et adaptée à la pratique IA.

Extrait du texte de la Commission Européenne, de Bruxelles, le 21.4.2021 COM (2021) 206 final 2021/0106 (COD) [xxi]

Le présent exposé des motifs accompagne la proposition de règlement visant à établir des règles harmonisées pour l'utilisation de l'intelligence artificielle (IA). L'IA est une technologie en évolution rapide qui offre de nombreux avantages économiques et sociaux dans tous les secteurs économiques et les activités sociales. Cependant, l'utilisation de l'IA peut également engendrer de nouveaux risques et des conséquences négatives pour les personnes ou la société.

Dans ce contexte, l'Union européenne (UE) s'engage à adopter une approche équilibrée pour garantir que le développement et le fonctionnement de l'IA respectent les valeurs de l'UE et les droits et principes fondamentaux. L'UE souhaite également préserver son avance technologique et permettre aux Européens de bénéficier des avantages de l'IA tout en prenant en compte les risques associés à son utilisation.

La proposition législative met en œuvre l'engagement politique pris par la présidente Von Der LEYEN de présenter une proposition législative pour une approche européenne coordonnée relative aux implications humaines et éthiques de l'IA. Cette proposition vise à établir un cadre juridique pour une IA digne de confiance, fondé sur les valeurs de l'UE et les droits fondamentaux, afin de donner aux personnes et aux autres utilisateurs la confiance d'adopter des solutions basées sur l'IA tout en encourageant les entreprises à développer ces solutions.

Enfin, les règles en matière d'IA qui s'appliquent au marché de l'Union ou qui touchent d'une autre façon les personnes de l'Union devraient être axées sur le facteur humain, de manière à ce que les personnes puissent avoir confiance dans le fait que la technologie est utilisée de manière sûre et conforme à la loi, en respectant notamment les droits fondamentaux.

Cette proposition législative de la Commission européenne répond aux appels du Parlement européen et du Conseil européen en faveur d'une intervention réglementaire visant à assurer le bon fonctionnement du marché intérieur des systèmes d'intelligence artificielle (IA) en mettant en balance les bénéfices et les risques de l'IA à l'échelle de l'Union. Elle vise à garantir une IA sûre, fiable et éthique, tout en protégeant les droits des citoyens européens.

Le Conseil européen a également souligné la nécessité de garantir une protection des données, des droits numériques et des normes éthiques d'un niveau élevé, ainsi que la nécessité de définir clairement les applications d'IA à haut risque. Les dernières conclusions préconisent l'adoption de mesures visant à remédier aux difficultés posées par l'opacité, la complexité, les biais, le degré relatif d'imprévisibilité et le comportement partiellement autonome de certains systèmes d'IA, afin de garantir la compatibilité avec les droits fondamentaux et de faciliter l'application des règles juridiques.

Le Parlement européen a adopté plusieurs résolutions relatives à l'IA, notamment en ce qui concerne les aspects éthiques, le régime de responsabilité et les droits de propriété intellectuelle. Dans sa résolution concernant un cadre pour les aspects éthiques de l'intelligence artificielle, de la robotique et des technologies connexes, le Parlement européen recommande expressément à la Commission de proposer des mesures législatives visant à exploiter les possibilités et les avantages offerts par l'IA, tout en garantissant la protection des principes éthiques. Cette proposition législative tient compte de cette résolution dans le plein respect des principes de proportionnalité et de subsidiarité ainsi que de l'accord "Mieux légiférer".

Le transhumanisme ou Hyperhumanisme.

Le transhumanisme est un mouvement culturel et intellectuel international qui prône l'utilisation des sciences et des technologies pour améliorer la condition humaine en augmentant les capacités physiques et mentales des êtres humains et en supprimant le vieillissement et la mort. Les transhumanistes considèrent la mort, le vieillissement et la souffrance comme des tares que les nouvelles technologies peuvent enrayer.

Selon l'Association Française Transhumaniste, les avantages du transhumanisme sont les suivants :

- Possibilité de vivre beaucoup plus longtemps en bonne santé, et donc de faire beaucoup plus de choses dans sa vie : projets, expériences, découvertes, rencontres…
- Atteindre un plus haut niveau d'intelligence, être capable de concevoir des choses beaucoup plus complexes et abstraites.

Le transhumanisme peut également permettre de supprimer certaines maladies et handicaps. Cependant, il est important de noter que le transhumanisme soulève également des questions éthiques et sociales (voir aussi l'hyperhumanisme).

	*Réponses de ChatGPT sur le transhumanisme.*

Source : conversation avec Bing, 26/03/2023(1) 10 questions fréquentes - Transhumanisme : Association Française. https://transhumanistes.com/10-questions-frequentes/ Consultée 26/03/2023.
(2) Le transhumanisme, une utopie ou un danger - Les Echos. https://www.lesechos.fr/idees-debats/cercle/le-transhumanisme-une-utopie-ou-un-danger-1011427 Consultée 26/03/2023.
(3) Les enjeux éthiques et sociaux du transhumanisme. https://www.lecre.umontreal.ca/les-enjeux-ethiques-et-sociaux-du-transhumanisme/ Consultée 26/03/2023.
(4) Quels sont les avantages du transhumanisme ? – Réponse Courte. https://reponsecourte.com/conseils/quels-sont-les-avantages-du-transhumanisme/ Consultée 26/03/2023.
(5) Transhumanisme — Wikipédia. https://fr.wikipedia.org/wiki/Transhumanisme Consultée 26/03/2023.

L'hyperhumanisme est un courant de pensée qui propose de renouveler l'humanisme traditionnel en s'appuyant sur les technologies numériques. Il se distingue du transhumanisme et du posthumanisme, qui visent à dépasser les limites de la condition humaine grâce à l'intelligence artificielle, aux biotechnologies ou à la fusion avec les machines. L'hyperhumanisme, au contraire, affirme que la technologie numérique favorise le développement de la conscience humaine et d'une éthique planétaire. Il met l'accent sur la dimension collective et relationnelle de l'humain, plutôt que sur l'individualisme et la compétition. Il considère que le progrès éthique est plus important et plus difficile que le progrès technologique pour l'avenir de l'humanité.

L'hyperhumanisme est un concept introduit par Hervé Fischer, un artiste-philosophe franco-canadien, dans son livre La planète hyper1 et dans un article paru en 2004 dans la revue Argument2. Il a été repris par d'autres auteurs, comme Jean-Michel Besnier, un philosophe français, et Joël de Rosnay, un biologiste et futurologue français. Ce dernier a publié une postface intitulée Transhumanisme ou hyperhumanisme ? L'avenir de l'humanité dans le Journal international de bioéthique et d'éthique des sciences en 2018. Il y expose les enjeux et les défis liés à l'émergence des nouvelles technologies et à leur impact sur l'humain. Vaste sujet, nous ne le résoudrons pas ici et maintenant.

En résumé, le transhumanisme vise à créer un homme augmenté, voire un post-humain, tandis que l'hyperhumanisme vise à créer un homme conscient, voire un hyper-humain.

L'éthique et l'IA

Les 6 principes de l'IA selon Microsoft

Il est important de prendre en compte les implications éthiques de l'utilisation de systèmes d'IA. A titre d'exemple, Azure OpenAI fournit de puissants modèles de langage naturel capables d'effectuer diverses tâches et d'opérer dans plusieurs cas d'usage différents, chacun avec ses propres considérations pour une utilisation sûre et équitable.

Les équipes ou les personnes chargées de développer et de déployer des systèmes d'IA doivent impérativement s'employer à identifier, mesurer et atténuer les dommages possibles en respectant les six principes ci-dessous.

L'utilisation d'Azure OpenAI doit suivre les six principes IA de Microsoft :

- **Équité** : les systèmes IA ne doivent pas prendre de décisions qui discriminent ou soutiennent les préjugés contre un groupe ou un individu.
- **Fiabilité et sécurité** : les systèmes IA doivent répondre de manière sécurisée aux nouvelles situations et aux manipulations potentielles.
- **Confidentialité et sécurité** : les systèmes IA doivent être sécurisés et respecter la confidentialité des données.
- **Intégration** : les systèmes IA doivent autonomiser et faire participer tout le monde.
- **Responsabilité** : les personnes doivent être responsables du mode d'opération des systèmes IA.
- **Transparence** : les systèmes d'IA doivent proposer des explications afin que les utilisateurs puissent comprendre comment ils sont générés et utilisés.

Les principes de l'IA responsable guident les Notes de transparence de Microsoft sur Azure OpenAI, ainsi que les explications d'autres produits. Les Notes de transparence sont destinées à aider à comprendre le fonctionnement de la technologie d'IA de Microsoft, les choix des propriétaires de systèmes susceptibles d'influencer les performances et le comportement du système, et l'importance d'appréhender le système dans son ensemble, en englobant la technologie, les personnes et l'environnement.

Qu'est-ce que l'IA responsable - Azure Machine Learning | Microsoft Learn

Évaluer des systèmes d'IA et prendre des décisions fondées sur des données avec le tableau de bord d'IA responsable Azure Machine Learning - Azure Machine Learning | Microsoft Learn

Nous proposer le tableau de bord IA responsable réponse de ChatGPT

Voici un exemple de tableau de bord pour l'IA responsable. Ce tableau de bord est conçu pour aider les entreprises à surveiller et à mesurer leur utilisation de l'IA, en s'assurant qu'elle est utilisée de manière responsable, éthique et transparente.

Transparence :
- Nombre de décisions prises par l'IA qui ont été expliquées aux utilisateurs
- Taux de compréhension de l'explication fournie par les utilisateurs
- Évaluation de la clarté de l'explication fournie par l'IA

Équité :
- Nombre de biais détectés dans les données d'entraînement de l'IA
- Mesure de l'équité dans les décisions prises par l'IA pour différents groupes démographiques
- Nombre de plaintes déposées pour des décisions présumées injustes prises par l'IA

Confidentialité :
- Nombre de violations de données signalées
- Mesure de la conformité aux réglementations sur la protection des données
- Mesure de l'utilisation appropriée des données personnelles collectées par l'IA

Responsabilité :
- Mesure de la performance de l'IA par rapport aux objectifs définis
- Évaluation de la fiabilité des résultats de l'IA
- Mesure de l'impact sur les parties prenantes de l'utilisation de l'IA

> *Intégrité :*
> - *Mesure de la conformité aux normes éthiques et aux codes de conduite de l'entreprise*
> - *Évaluation de l'adéquation de l'IA aux valeurs de l'entreprise*
> - *Mesure de la conformité aux lois et réglementations applicables*
>
> *Ces mesures peuvent être suivies au fil du temps pour surveiller la performance de l'IA responsable et identifier les domaines qui nécessitent une amélioration. Il est important de noter que ces mesures ne sont qu'un exemple et peuvent être adaptées en fonction des besoins et des priorités de chaque entreprise.*

Qui devraient utiliser le tableau de bord IA responsable ?

Le tableau de bord IA responsable est destiné aux personnes impliquées dans la gestion de l'IA dans une entreprise ou une organisation. Cela peut inclure :

1. Les responsables des données : Les responsables des données sont responsables de la collecte, de la gestion et de l'utilisation des données dans une entreprise. Ils peuvent utiliser le tableau de bord pour surveiller l'utilisation de l'IA dans leur entreprise et s'assurer qu'elle est conforme aux politiques de confidentialité et de sécurité des données.
2. Les responsables de l'IA : Les responsables de l'IA sont chargés de la planification, du développement et de la mise en œuvre de l'IA dans une entreprise. Ils peuvent utiliser le tableau de bord pour surveiller l'impact de l'IA sur les parties prenantes et s'assurer qu'elle est utilisée de manière responsable et éthique.
3. Les chefs d'entreprise : Les chefs d'entreprise ont la responsabilité ultime de veiller à ce que leur entreprise fonctionne de manière éthique et responsable. Ils peuvent utiliser le tableau de bord pour surveiller l'utilisation de l'IA dans leur entreprise et s'assurer qu'elle est alignée sur les valeurs de l'entreprise.

4. **Les professionnels de la conformité** : Les professionnels de la conformité sont responsables de veiller à ce que l'entreprise respecte les lois et les réglementations applicables. Ils peuvent utiliser le tableau de bord pour surveiller la conformité de l'IA avec les lois et réglementations applicables.
5. **Les parties prenantes** : Les parties prenantes sont toutes les personnes ou organisations qui ont un intérêt dans l'entreprise. Elles peuvent utiliser le tableau de bord pour surveiller l'impact de l'IA sur leurs intérêts et s'assurer que l'IA est utilisée de manière responsable et éthique.

Un exemple de lien pour Générer des KPI d'IA responsable dans l'interface utilisateur studio - Azure Machine Learning | Microsoft Learn : https://learn.microsoft.com/fr-fr/azure/machine-learning/how-to-responsible-ai-insights-ui?view=azureml-api-2

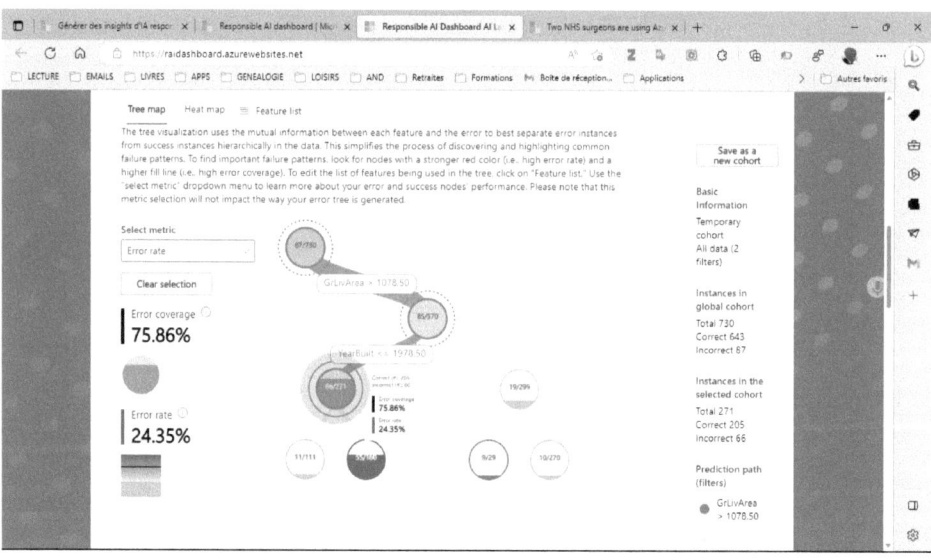

Figure 14 Exemple de tableau de bord.

Pour générer le tableau de bord d'IA responsable par le biais de CLIv2 et SDKv2 ou de l'interface utilisateur d'Azure Machine Learning studio.

Pour générer une carte de performance IA responsable basée sur des KPIs observés dans le tableau de bord IA responsable.

- Évaluer des systèmes d'IA et prendre des décisions fondées sur des données avec le tableau de bord d'IA responsable Azure Machine Learning - Azure Machine Learning | Microsoft Learn
- Responsible AI dashboard | Microsoft AI Lab
- Responsible AI Dashboard AI Lab (raidashboard.azurewebsites.net)
-

Principes Microsoft pour une IA responsable
https://www.microsoft.com/fr-fr/ai/responsible-ai?rtc=1&activetab=pivot1%3aprimaryr6

« Nous nous engageons à faire progresser l'IA sur la base de principes éthiques qui placent les personnes au premier plan. » Microsoft.

3 – LE NIVEAU DE FORMATIONS REQUIS, SITES, SOLUTIONS, GUIDES.

Dans ce chapitre plusieurs éléments sont communiqués et ne sont qu'un aperçu de ce qu'il est possible de découvrir. Ce 4ème axe de réflexion sur ce sujet, engendre toujours la même trilogie : **VOIR – SAVOIR – FAIRE SAVOIR**.

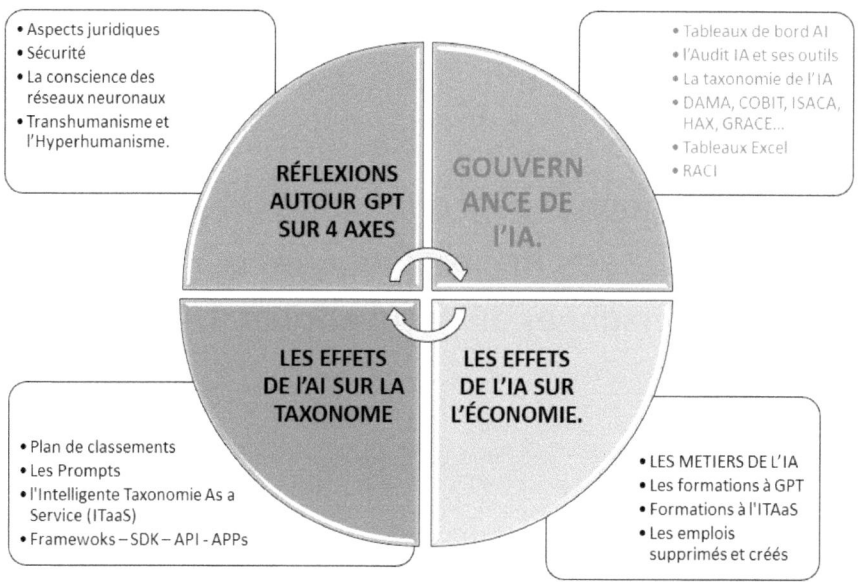

Figure 15 4 Axes de réflexions

Les formations à la Gouvernance de l'IA

Ces formations vont être une nécessité afin de pouvoir bien maîtriser les solutions d'IA et Copilot, afin de prévenir les « gaps » entre les sachants et les apprenants (qui doivent progresser au risque de se marginaliser rapidement face à l'utilisation de l'IA).

 *Réponse de ChatGPT en ce qui concerne les formations disponibles pour apprendre l'IA et compétences requises :*

Il existe aujourd'hui de nombreuses formations en ligne et en présentiel pour apprendre l'IA, allant des cours universitaires aux programmes de certification professionnelle. Voici quelques-unes des options les plus courantes :

Cours en ligne gratuits : Il existe de nombreux cours en ligne gratuits, tels que ceux proposés par Coursera, edX, Udacity, etc. Ces cours couvrent un large éventail de sujets, de l'apprentissage automatique à la vision par ordinateur en passant par le traitement du langage naturel.

Cours universitaires : De nombreuses universités proposent maintenant des programmes de maîtrise ou de doctorat en IA. Ces programmes sont souvent très compétitifs et nécessitent des compétences préalables en mathématiques, en programmation et en statistiques.

Bootcamps et programmes de certification : Les bootcamps et les programmes de certification sont des options plus courtes et plus intensives pour apprendre l'IA. Ils peuvent durer de quelques semaines à quelques mois et sont souvent axés sur l'apprentissage pratique et les projets.

Auto-formation : De nombreux professionnels de l'IA ont appris les compétences nécessaires par l'auto-formation. Ils ont suivi des cours en ligne, participé à des forums de discussion et construit des projets personnels pour renforcer leur expérience.

> *Les compétences requises pour travailler dans l'IA dépendent du domaine spécifique dans lequel vous voulez travailler.*

> ***Nous proposer un plan de formation pour L'Intelligent Taxonomy As a Service pour prévoir de mettre en place une approche humaine de la gouvernance, la formation et la gestion de la taxonomie, en impliquant les responsables métiers dans le processus. L'IT ne sera qu'un fournisseur de ressources mais en aucun cas l'IT ne fera la taxonomie.***

Plan de formation pour l'Intelligent Taxonomy As a Service :

Objectif de la formation :
Le plan de formation vise à doter les responsables métiers des compétences nécessaires pour participer activement à la gouvernance, à la formation et à la gestion de la taxonomie dans le cadre de l'Intelligente Taxonomie As a Service. L'objectif est de leur fournir les connaissances et les outils nécessaires pour collaborer efficacement avec l'équipe informatique chargée du développement et de l'infrastructure, et pour assumer la responsabilité de la création, de la maintenance et de l'évolution de la taxonomie de manière autonome.

Durée de la formation :
La formation sera structurée sur une période de trois jours, répartis comme suit :

Jour 1 : Introduction à la taxonomie et à l'Intelligent Taxonomy As a Service

- *Comprendre les concepts de base de la taxonomie*
- *Présentation de l'Intelligent Taxonomy As a Service et de son fonctionnement*
- *Rôles et responsabilités des responsables métiers dans le processus de gouvernance de la taxonomie*

Jour 2 : Gestion de la taxonomie

- *Méthodologie pour la création et la maintenance de la taxonomie*
- *Identification des catégories et des relations entre les concepts*

- Bonnes pratiques pour la structuration et l'organisation de la taxonomie
- Utilisation d'outils de gestion de la taxonomie

Jour 3 : Collaboration avec l'équipe informatique

- Communication efficace avec les développeurs et l'équipe informatique
- Gestion des demandes de modification de la taxonomie
- Compréhension des contraintes techniques liées à l'Intelligent Taxonomy As a Service
- Mise en place d'un processus de gouvernance pour l'évolution continue de la taxonomie

Méthodologie de formation :
La formation sera basée sur une approche participative et interactive, combinant des sessions théoriques, des exercices pratiques et des études de cas. Les participants seront encouragés à partager leurs expériences et à discuter des défis spécifiques liés à leur domaine d'activité. Des supports de formation, tels que des présentations, des documents de référence et des exemples concrets, seront fournis pour compléter les séances en classe.

Évaluation de la formation :
À la fin de chaque journée de formation, des évaluations seront effectuées pour mesurer la compréhension des participants et identifier les domaines qui nécessitent un renforcement. Des exercices pratiques et des études de cas seront utilisés pour évaluer l'application des connaissances acquises.

Suivi post-formation :
Après la formation, les participants auront accès à une assistance en ligne pour poser des questions supplémentaires, demander des conseils et partager des expériences avec d'autres responsables métiers impliqués dans la gestion de la taxonomie. Des sessions de suivi pourront être organisées pour aborder les problèmes spécifiques rencontrés dans la mise en pratique des connaissances acquises.

Ce plan de formation vise à autonomiser les responsables métiers en leur donnant les compétences nécessaires pour jouer un rôle actif dans la gouvernance, la formation et la gestion de la taxonomie. En impliquant les responsables métiers dans le processus, l'Intelligent Taxonomy As a Service pourra bénéficier de leur expertise et de leur compréhension des besoins de l'entreprise, tout en permettant à l'IT de se concentrer sur la fourniture des ressources techniques nécessaires.

Nous proposer un plan de formation d'introduction à Azure OpenAI Service .

Voici un plan de formation pour une introduction à Azure OpenAI Service :

Titre du cours : **Introduction à Azure OpenAI Service**

Durée : 2 jours

Objectifs :

Comprendre les concepts fondamentaux de l'IA et du machine learning
Découvrir les fonctionnalités et les avantages d'Azure OpenAI Service
Apprendre à configurer et à utiliser les services d'Azure OpenAI
Explorer des cas d'utilisation pratiques de l'IA avec Azure OpenAI Service

Jour 1 :

Module 1 : Introduction à l'IA et au machine learning (2 heures)

- Qu'est-ce que l'intelligence artificielle et le machine learning ?
- Principaux domaines d'application de l'IA
- Concepts de base du machine learning : entraînement, inférence, modèles, etc.

Module 2 : Présentation d'Azure OpenAI Service (2 heures)

- Vue d'ensemble d'Azure OpenAI Service
- Avantages et caractéristiques principales
- Différences entre les services d'IA d'Azure

Module 3 : Configuration d'Azure OpenAI Service (3 heures)

- *Création d'un compte Azure*
- *Mise en place de l'environnement de développement*
- *Configuration des ressources nécessaires pour utiliser Azure OpenAI Service*

Jour 2 :

Module 4 : Utilisation des services d'Azure OpenAI (4 heures)

- *Utilisation du service de reconnaissance vocale*
- *Exploitation du service de traduction de texte*
- *Utilisation du service de génération de texte*

Module 5 : Cas d'utilisation pratiques avec Azure OpenAI Service (3 heures)

- *Implémentation d'un chatbot intelligent*
- *Création d'un système de recommandation personnalisé*
- *Application de l'IA dans l'analyse des sentiments*

Module 6 : Bonnes pratiques et limitations (1 heure)

- *Bonnes pratiques pour optimiser l'utilisation d'Azure OpenAI Service*
- *Limitations et considérations de sécurité*
- *Ressources supplémentaires et communauté de support*

Ce plan de formation vous permettra d'acquérir une compréhension solide d'Azure OpenAI Service et de ses fonctionnalités clés. Vous serez en mesure de configurer et d'utiliser les services d'IA fournis par Azure, tout en explorant des cas d'utilisation pratiques de l'IA. N'oubliez pas d'adapter le contenu et la durée en fonction des besoins spécifiques de votre public et de vos ressources disponibles.

LinkedIn Learning

L'IA devient rapidement une technologie de plus en plus importante pour toutes les entreprises de tous les secteurs. En tant que technologie à usage général, similaire à l'électricité ou à Internet, elle a le pouvoir de changer complètement presque tout dans notre façon de travailler.

Un exemple de formation avec cas d'usage : https://www.linkedin.com/learning/artificial-intelligence-case-studies-in-different-business-industries/aquaculture-how-aquabyte-applies-machine-learning-to-fish-farming?autoSkip=true&resume=false

Les Formations à la gouvernance

Planifier la gouvernance des équipes

Les organisations utilisent aujourd'hui un ensemble d'outils diversifiés. Il y a l'équipe de développeurs qui utilise le chat d'équipe, les cadres qui envoient des e-mails et toute l'organisation qui se connecte via les réseaux sociaux d'entreprise.

La gouvernance de la collaboration est la façon dont vous gérez uniformément l'accès des utilisateurs, garantissez la sécurité et les besoins de conformité des services. Suivez ces étapes de base pour créer votre plan de gouvernance, ci-dessous avec Microsoft 365 comme support :

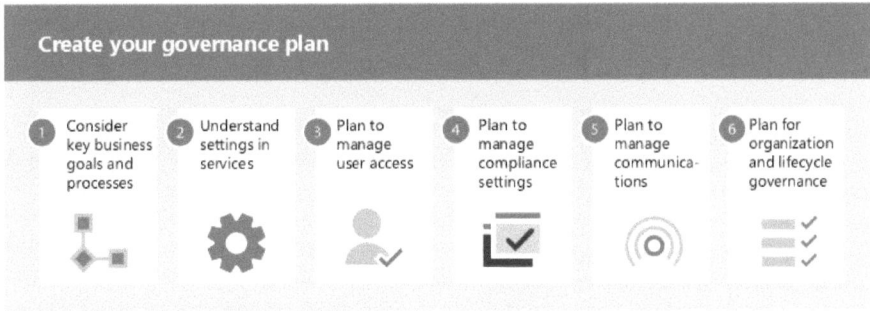

Figure 16 Exemple de plan de Gouvernance (source : Microsoft)

1. Tenez compte des principaux objectifs et processus de l'entreprise - créez votre plan de gouvernance pour répondre aux besoins de votre entreprise.
2. Comprendre les paramètres des services : les paramètres des groupes et SharePoint interagissent les uns avec les autres, tout comme les paramètres des groupes, SharePoint, Teams et d'autres services. Assurez-vous de comprendre ces interactions lorsque vous planifiez votre stratégie de gouvernance.
3. Planifier la gestion de l'accès des utilisateurs : planifiez le niveau d'accès que vous souhaitez accorder aux utilisateurs dans les groupes SharePoint et Teams.
4. Planifier la gestion des paramètres de conformité : passez en revue les options de conformité disponibles pour les groupes Microsoft 365, Teams et la collaboration SharePoint.
5. Planifier la gestion des communications : passez en revue les options de gouvernance des communications disponibles pour les scénarios de collaboration.
6. Planifier l'organisation et la gouvernance du cycle de vie : choisissez les stratégies que vous souhaitez utiliser pour la création, la dénomination, l'expiration et l'archivage des groupes et des équipes. Comprendre également les options de fin de cycle de vie pour les groupes, les équipes et Yammer.

Microsoft 365 dispose d'un ensemble complet d'outils pour implémenter toutes les fonctionnalités de gouvernance.

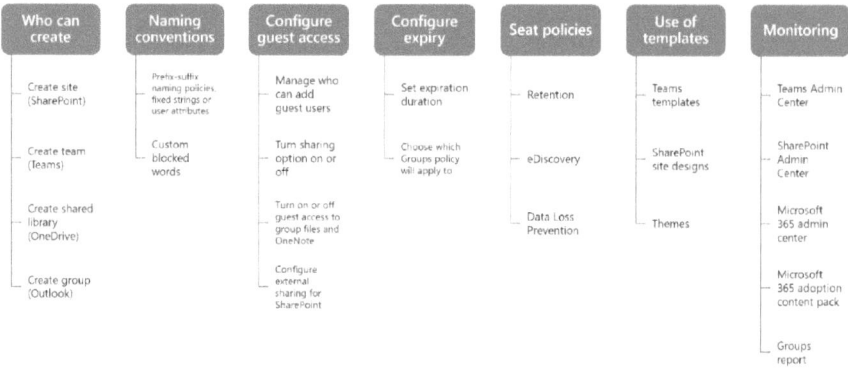

Figure 17 Plan : Outils et gouvernance

Création de groupes et d'équipes, nommage, classification et accès invité

Votre organisation peut exiger que vous mettiez en œuvre des contrôles stricts sur la façon dont les équipes sont nommées et classées, si les invités peuvent être ajoutés en tant que membres de l'équipe et qui peut créer des équipes. Vous pouvez configurer ces zones à l'aide d'Azure Active Directory (Azure AD) et des étiquettes de sensibilité. Points de décision clés à prendre en considération :

1. Votre organisation a-t-elle besoin d'une convention d'affectation de noms spécifique pour les équipes ?
2. Les créateurs d'équipe ont-ils besoin de pouvoir attribuer des classifications spécifiques à l'organisation aux équipes ?
3. Avez-vous besoin de restreindre la possibilité d'ajouter des invités aux équipes par équipe ?
4. Votre organisation a-t-elle besoin de limiter le nombre de personnes autorisées à créer des équipes ?

Quelques liens pour aller plus loin :

- Gouvernance avec Teams - https://learn.microsoft.com/en-us/training/modules/implement-lifecycle-management-governance-for-microsoft-teams/3-plan-teams-governance
- Devenez un spécialiste de l'adoption de services - Streamline end user training – Microsoft Adoption
- Rationalisez la formation des utilisateurs finaux - Become a Service Adoption Specialist – Microsoft Adoption

L'ère de l'IA a commencé : générer l'avenir plus rapidement avec l'IA de Microsoft.

- Cours sur l'intelligence artificielle de l'AI Business School - IA de Microsoft - https://www.microsoft.com/fr-fr/ai/ai-business-school
- AI Business School pour l'enseignement - Training | Microsoft Learn - https://learn.microsoft.com/fr-fr/training/paths/ai-business-school-education/
- Initiation à l'Intelligence Artificielle - Activité en classe - Training | Microsoft Learn - https://learn.microsoft.com/fr-fr/training/modules/initiation-intelligence-artificielle/. Cet atelier vous permettra d'apprendre le fonctionnement de l'IA aux élèves. L'atelier est en deux parties, d'abord un atelier ludique débranché, puis une démonstration via un outil numérique qui permet d'entraîner une IA.
- **Examiner l'approche Microsoft de l'intelligence artificielle - Training | Microsoft Learn.** - https://learn.microsoft.com/fr-fr/training/modules/microsoft-approach-to-ai/ . Ce module est un point de départ pour les décideurs d'entreprise qui souhaitent comprendre comment Microsoft crée des produits, services et solutions pour aider les organisations à tirer parti de l'intelligence artificielle (IA).
- Démystifier l'AI - Un cours en ligne gratuit - Elements of AI (6 chapitres) À partir de l'adresse https://www.elementsofai.fr et https://buildingai.elementsofai.com/

- Security Copilot est disponible en préversion - https://blogs.microsoft.com/blog/2023/03/28/introducing-microsoft-security-copilot-empowering-defenders-at-the-speed-of-ai/

Articles en Anglais

- How ChatGPT really works, explained for non-technical people - https://bootcamp.uxdesign.cc/how-chatgpt-really-works-explained-for-non-technical-people-71efb078a5c9
- The state-of-the-art (SOTA) deep learning models in computer vision - https://pythonawesome.com/the-state-of-the-art-sota-deep-learning-models-in-computer-vision/
- Introducing OpenAI - https://openai.com/blog/introducing-openai/
- "ChatGPT: Optimizing Language Models for Dialogue." OpenAI, 30 Nov. 2022, https://openai.com/blog/chatgpt/ .

La gouvernance de l'IA

- Blog sur l'IA et la gouvernance - https://gouver2020.blogspot.com/ , https://gouver2020.blogspot.com/2023/03/histoire-chatgpt-fait-son-entree-en.html
- Conseils pour l'intégration et l'utilisation responsable avec résumé - Azure Cognitive Services | Microsoft Apprendre - https://learn.microsoft.com/en-us/legal/cognitive-services/language-service/guidance-integration-responsible-use-summarization
- The Future Computed: AI and Manufacturing – Just another Microsoft News Center Network site - https://news.microsoft.com/futurecomputed/
-

Gouvernance de Copilot

- https://www.slideshare.net/PierreErolGiraudy/quel-denominateur-commun-a-microsoft-365pdf

- https://www.slideshare.net/PierreErolGiraudy/comment-se-preparer-pour-microsoft-365-copilotpdf
- https://www.slideshare.net/PierreErolGiraudy/lagouvernancems365admincenterteamsspsonedrivepdf

Formations gratuites à Copilot sur Learn :
https://learn.microsoft.com/en-us/search/?terms=copilot&category=Training

https://adoption.microsoft.com/fr-fr/copilot/

MS-012 Préparez votre organisation à Microsoft 365 Copilot
https://learn.microsoft.com/fr-fr/training/paths/prepare-your-organization-microsoft-365-copilot/

Figure 18 Formations gratuites à Copilot

Les clubs et communautés

- Elements of AI - https://community.elementsofai.com/home
- AIDAUG est le groupe mondial d'utilisateurs pour l'intelligence artificielle, les données et l'analyse https://aidaug.org/
- European Data & AI UG - https://www.linkedin.com/groups/8514577/
- AI User Group - Global Community - https://www.aiusergroup.com/#/event
- www.ugaia.eu

2éme partie : La gouvernance de l'IA en mode BUILD.

La gouvernance de l'IA en mode BUILD fait référence à la manière dont les entreprises et les organisations gèrent le développement, la mise en œuvre et l'utilisation de l'intelligence artificielle (IA) lorsqu'elles construisent leurs propres systèmes et applications basés sur l'IA. Cette approche vise à garantir que l'IA est développée de manière responsable, éthique et conforme aux réglementations pertinentes.

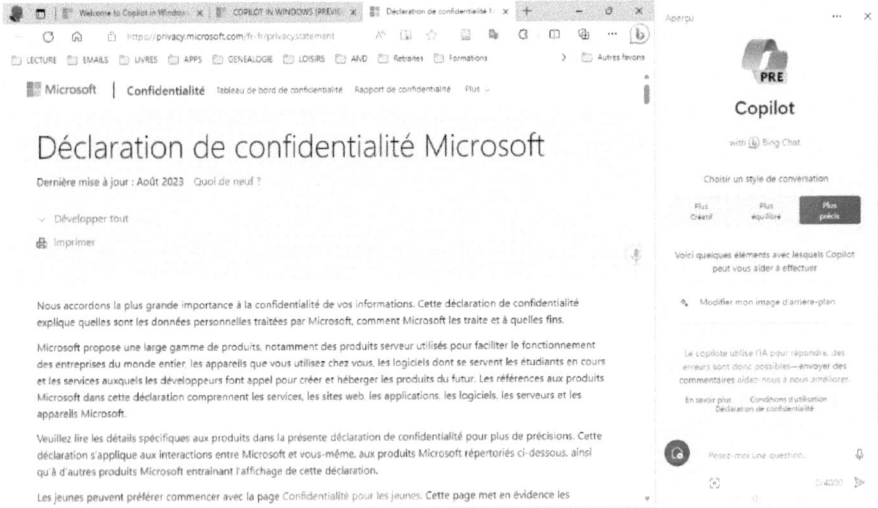

Figure 19 Copilot Déclaration

En résumé, la gouvernance de l'IA en mode BUILD vise à créer un cadre qui assure le développement et l'utilisation responsables de l'IA au sein des organisations.

4 – LA GOUVERNANCE OPÉRATIONNELLE DE L'IA.

Le domaine juridique est le cadre dans lequel évolue le monde du travail. La culture fait partie de l'environnement : il y a la culture d'entreprise ; il y a les cultures des personnes. Il faut analyser l'usage de l'IA qui est la trace « vivante » des échanges au sein de l'entreprise.

Accessibilité ou « utilisabilité » ?

Bien que ces deux notions soient étroitement liées, elles présentent néanmoins quelques différences essentielles. Si Certains solutions d'IA sont techniquement accessibles, elles n'en sont pas pour autant toujours simples à utiliser. Une solution accessible n'est donc pas systématiquement utilisable.

Alors que l'accessibilité a pour objet essentiel « d'ouvrir » les portes d'une solution d'IA à une population d'utilisateurs la plus globale, l'utilisabilité vise en revanche, en termes d'objectifs, à améliorer la satisfaction, l'efficacité et l'efficience de la population cible de ladite solution.

L'accessibilité couvre des aspects/considérations techniques, l'utilisabilité concernant l'expérience, celle de l'utilisateur lorsqu'il accède à un site Web d'une solution d'IA. L'utilisabilité est assez comparable à une qualité dans le sens où on ne la remarque que lorsqu'elle fait défaut !

L'utilisabilité pourrait donc se définir comme « la facilité avec laquelle les visiteurs peuvent utiliser une solution d'IA ». L'utilisabilité ne se limite pas à s'assurer que tout fonctionne bien entendu, mais également à mesurer à quelle vitesse et avec quelle aisance les visiteurs peuvent l'utiliser.

La loi de Jakob Nielsen relative à l'expérience de l'utilisateur (UX) de l'Internet et des solutions d'IA, elle est probablement celle qui exprime le mieux la nécessité de l'utilisabilité des solutions d'IA.

Quelle est l'impact de cette loi sur l'IA ? La loi de Jakob Nielsen n'est pas spécifiquement liée à l'intelligence artificielle (IA), mais elle a certainement un impact sur la conception et l'interaction avec les systèmes d'IA.

Lorsqu'il s'agit de l'IA, il est crucial de concevoir des interfaces utilisateur intuitives et faciles à comprendre, car les utilisateurs doivent interagir avec des systèmes qui peuvent être complexes et générer des résultats basés sur des algorithmes sophistiqués. La loi de Jakob Nielsen souligne l'importance de la simplicité et de la clarté dans la présentation des informations, ce qui est tout aussi pertinent pour les interfaces utilisateur d'IA.

Voici quelques façons dont la loi de Jakob Nielsen peut impacter la conception d'interfaces utilisateur pour les systèmes d'IA :

Hiérarchisation de l'information : L'IA peut générer une quantité considérable d'informations et de résultats. Il est essentiel de hiérarchiser ces informations de manière à mettre en avant les éléments les plus pertinents et à réduire la complexité pour les utilisateurs. En suivant la loi de Jakob Nielsen, les concepteurs peuvent aider les utilisateurs à prendre des décisions éclairées en mettant en avant les informations essentielles.

Réduction du bruit : Les systèmes d'IA peuvent parfois produire des résultats inutiles ou non pertinents pour les utilisateurs. En suivant la loi de Jakob Nielsen, les concepteurs peuvent minimiser le "bruit" en filtrant et en présentant uniquement les informations nécessaires, évitant ainsi la surcharge d'informations inutiles.

Simplification des interactions : Les systèmes d'IA peuvent être complexes à utiliser, notamment lorsqu'il s'agit de comprendre comment formuler des requêtes ou d'interpréter les résultats. En simplifiant les interactions et en fournissant des indications claires, les concepteurs peuvent faciliter l'engagement des utilisateurs et les aider à tirer le meilleur parti de l'IA.

Test utilisateur et itérations : La loi de Jakob Nielsen met également en évidence l'importance des tests utilisateurs pour évaluer l'utilisabilité des interfaces. En recueillant les commentaires des utilisateurs et en observant leur comportement, les concepteurs peuvent identifier les problèmes et les points de confusion, et itérer sur la conception pour améliorer l'expérience utilisateur de l'IA.

En résumé, la loi de Jakob Nielsen rappelle l'importance de la simplicité, de la clarté et de la réduction de la densité d'informations dans la conception des interfaces utilisateur, ce qui est tout aussi applicable aux systèmes d'IA. En suivant ce principe, les concepteurs peuvent améliorer l'expérience utilisateur et faciliter l'interaction avec les systèmes d'IA.

L'utilisabilité des solutions d'IA couvre non seulement des éléments tels que l'intuition ou encore la convivialité pour l'utilisateur mais également le temps de téléchargement, la présentation d'une page, l'infographie, l'animation, la navigation, l'architecture de l'information, la recherche, etc.

On ne peut l'apprécier que par l'expérience et la satisfaction de l'utilisateur final, et pour ce faire, il faut se poser des questions :

- L'utilisateur peut-il aisément trouver l'information qu'il recherche ?
- Les services offerts sont-ils faciles d'accès et les informations fournies sont-elles simples à comprendre ?
- Le contenu de la solution d'IA est-elle présentée de manière cohérente ?
- La solution d'IA dispose-t-elle d'une structure logique et compréhensible et permet-elle une navigation aisée et efficace ?
- La solution d'IA fournit-elle des explications relatives à la manière dont elle est organisée et au fonctionnement de la navigation ?
- L'utilisateur peut-il travailler en interaction avec la solution d'IA et fournir un retour d'informations ? Obtient-il une réponse rapide et satisfaisante ?
- La solution d'IA propose-t-elle des paramètres de recherche ?
- Historisations des recherches
- Exportations des recherches

Comme ces quelques questions le soulignent, la solution d'IA est particulièrement vaste et nous ne pouvons prétendre en couvrir les moindres facettes. Néanmoins voici quelques pistes qui vont vous permettre de mieux cerner ce sujet :

Le programme de gouvernance de la sécurité de Microsoft

Il s'inspire et s'aligne sur divers cadres réglementaires et de conformité.

Notre infrastructure et nos offres cloud répondent à un large éventail de normes de conformité internationales et spécifiques à l'industrie, telles que ISO, HIPAA, FedRAMP et SOC, ainsi qu'à des normes spécifiques à chaque pays, comme l'IRAP en Australie, le G-Cloud au Royaume-Uni et le MTCS à Singapour.

Vous pouvez consulter les rapports d'audit indépendants disponibles pour les services en ligne de Microsoft en se connectant au Service Trust Portal. https://servicetrust.microsoft.com/

Le programme de conformité pour le cloud est conçu pour Microsoft offrir un support personnalisé aux cadres, une formation et des opportunités de mise en réseau. Collaborez directement avec les organismes de réglementation, les homologues de l'industrie et Microsoft des experts dans les domaines de la sécurité, de la conformité et de la confidentialité. Découvrez comment Microsoft les services cloud protègent vos données et comment vous pouvez gérer la sécurité et la conformité des données cloud pour votre organisation.

Le portail d'approbation de services est le site public de Microsoft qui permet de publier des rapports d'audit et d'autres informations relatives à la conformité associées aux services cloud de Microsoft. Les utilisateurs STP peuvent télécharger des rapports d'audit produits par des auditeurs externes et obtenir des informations à partir de livres...

Les différentes phases opérationnelles
L'Avant-Projet Simplifié (A.P.S.)

C'est la pièce maîtresse du puzzle, qui va servir de base à l'élaboration d'un livrable. Ce dernier deviendra alors le document de référence pour la mise en place des plans de Gouvernance.

Figure 20 Avant-Projet Simplifié (A.P.S.)

Pour construire cet Avant-Projet Simplifié, Il faut établir dans un premier temps le planning précis d'un déploiement type (avec par exemple l'utilisation de Microsoft Project) afin de modéliser puis d'optimiser ce planning. Ensuite, mettre en place un plan de formations incluant des outils et des démonstrations. Et enfin, consolider les rapports avec des tableaux (tableaux des risques et d'efficacités) et des graphiques.

> Il faut également créer un KIT de Gouvernance incluant : Charte graphique, Charte de navigation, Charte Web, Normes de classifications, Normalisation des noms, PGG - Plan de Taxonomie, Plan de Folksonomie, KIT de démarrage …

Ci-dessous un déroulement des ATELIERS pour traiter des sujets IA

1. Renommer les choses : Ceci afin de bien qualifier les sujets
2. Note de cadrage Question et réponses du groupe de réflexions
3. Donner une date de remise des questions et réponses chaque point devant être clairement précisés
4. Relancer pour les avoir la liste des questions et réponses
5. Ne pas faire de réunion sans ces questions et réponses (et avoir préparé chaque réponses)
6. Si nécessaire monter une maquette ou un « mini PoC » Preuve de concept (POC, Proof of concept)
7. Correctifs à vue du PoC et en fonction des nouvelles questions des acteurs
8. Tableau Excel :
    a. ATELIERS_Grille_xxx + Conclusion_Analyses_Atelier
    b. Analyses : Analyse des réponses dans l'atelier X

9. Valider les priorités avec les acteurs en fonction des dernières questions et réponses des acteurs et des Experts
10. Etablir un Planning des Ateliers
11. Matrice : Feuille de calcul Tous les ensembles de termes
12. Grille d'évaluation des intervenants (semblable à une grille de compétences CMM) Cette grille de compétences CMMI (Capability

Maturity Model Integration for Acquisition[xxii]) est un modèle utilisé pour évaluer et améliorer la maturité des processus d'acquisition des organisations. Il fournit une structure et des critères pour évaluer les capacités d'acquisition d'une organisation et pour les améliorer progressivement.
13. Voir le **KIT de Gouvernance** (chapitre 9 outils – livrable = outils + guides + formations + modèles + grilles).
14. Pour l'évaluation proprement dite, il est possible avec le CMMIA[xxiii] de diffuser les grilles de compétences aux acteurs impliqués, et de les faire s'auto évaluer par rapports à une échelle d'évaluation à cinq niveaux et trois fonctions du CMMIA (préalablement établie), pour obtenir un résultat permettant la mise en forme d'un bilan de compétences, ou/et d'un plan de formation.
15. Concrètement, un CMMIA permet :
    a. D'établir une grille de lecture standardisée
    b. De lever les appréciations subjectives
    c. De mesurer objectivement la progression des équipes dans la durée
    d. De prendre des actions efficaces d'amélioration
16. CMMIA mesure son objet d'étude selon 5 niveaux standardisés (de 100 à 500).
17. Les livrables
    a. PowerPoint
    b. Rapports et animations des réunions
    c. FAQ
    d. KIT et « boite à outils »

Pour étayer le processus et comme un bon schéma vaut mieux qu'un long discourt, voici quelques liens de référence :

Gouvernance et conséquences des TIC et IA en 2023 :
https://sway.office.com/UYSI3rLre3yCKAG7?ref=Link

Formation what is AI? : https://prezi.com/view/L6rjk6MM1NhxrSVbSTYO/

Plan de Gouvernance : PGG = PGF + PGO + PGD

Le PGG est un condensé des autres plans voici l'architecture des Plans, il se doit d'être actualisé régulièrement :

PLAN DE GOUVERNANCE GENERAL
- Charte de Vision
- APS (avant projet simplifié)
- Organigramme des équipes et centre d'excellence IA / Copilot

PLAN DE GOUVERNANCE FONCTIONNEL
- Maquette de l'IA ou LLM (Copilot)

PLAN DE GOUVERNANCE OPERATIONNEL
- Bonnes pratiques et formations à l'IA (Copilot)
- Check-Lists et guides
- Taxonomie et son modèle sémantique

PLAN DE GOUVERNANCE DEV.
- Limites et contraintes del'IA et de Copilot
- Validations des règles et des algoritmes

Figure 21 Le PGG est un condensé des autres plans

Aspects légaux réglementaires

RGPD et ses bases la LIL = Loi Informatique et Libertés
Réglementation en droit social, selon articles dans le code du travail par rapport à l'introduction ou la modification des Technologies de l'information et de la communication. La loi qui a succédé à la LIL (Loi Informatique et Libertés) en France est le **RGPD (Règlement Général sur la Protection des Données).** Le RGPD est un règlement européen qui est entré en vigueur le 25 mai 2018. Il vise à renforcer et à unifier la protection des données personnelles au sein de l'Union européenne. Le RGPD impose des règles strictes concernant la collecte, le traitement et la conservation des données personnelles, ainsi que les droits des individus sur leurs propres données. Il accorde également des pouvoirs de contrôle et de sanction renforcés aux autorités de protection des données. Exemple de RGPD[xxiv]

- **Chartes et Protocoles = Outils de régulation sociale.** L'utilisation des systèmes, quel que soit le niveau de ladite utilisation, engendre des droits et des devoirs. La mise en place de chartes et protocoles contribue à la sécurité dans l'entreprise

La DSI devra être vigilante quant à la mise en place d'outils de contrôle impliquant une surveillance des salariés en vertu du principe du respect des droits et des libertés des personnes. En effet, les dispositifs mis en place doivent être justifiés par la nature de la tâche à accomplir et proportionnés au but recherché. Les salariés doivent être préalablement informés sur les dispositifs mis en place concernant la collecte d'informations les concernant personnellement. La vie privée doit être respectée. Le Comité d'entreprise doit être informé et consulté préalablement à la décision de mise en œuvre de moyens ou de techniques permettant le contrôle et ces traitements automatisés des données personnelles doivent faire l'objet d'une déclaration préalable auprès de la CNIL. L'employeur peut fixer les conditions et limites de l'utilisation d'Internet ou effectuer un filtrage des sites non autorisés. Enfin, il est important de préciser que les connexions présumées professionnelles, concernent les connexions établies par un salarié dès lors qu'elles sont effectuées pendant son temps de travail, grâce à l'ordinateur mis à sa disposition par l'employeur pour l'exécution de son travail. En conséquence, l'employeur peut procéder à un contrôle de ces connexions hors la présence du salarié (Cassation sociale du 9 juillet 2008, n° 06-45800 FP).

Conclusions

Les outils informatiques ne doivent plus être 'subis' mais expliqués puisque l'apport de nouvelles fonctionnalités permet un travail plus attrayant ; mieux compris, encore faut-il que la formation à l'IA soit adaptée aux besoins des personnes en fonction de leur poste de travail. Et de leur métier.

La mise en place de chartes d'utilisation est une démarche pédagogique qui permet de mieux faire comprendre qu'il existe une législation et que l'utilisation de l'IA, de la messagerie électronique et du matériel informatique fait l'objet d'une jurisprudence qui peut être répertoriée selon les thèmes suivants :

- Blocage de l'accès à l'ordinateur : Faute grave,
- Destruction de matériel, provocation de dysfonctionnement : Faute lourde,
- Indiscrétion : Faute grave,
- Utilisation d'IA interdite : possible Faute grave,
- Liberté d'expression : Différents degrés : Faute grave, faute lourde,
- Site illicite : Faute grave,
- Tentative de connexion sur le poste du dirigeant : Faute grave,
- Utilisation à des fins personnelles : Différents degrés : Faute grave,
- Cause réelle et sérieuse, faute du salarié.

La gestion des Ressources Humaines doit donc entrer de plein pied dans la reconnaissance de la technologie et permettre un travail collaboratif avec la DSI et la Direction de la communication afin que les tâches à accomplir au sein de l'Organisation puissent être effectuées d'une manière sereine pour tous les utilisateurs/contributeurs.

C'est avec la connaissance des droits et devoirs de chaque population à l'intérieur de l'entreprise que l'outil d'IA prend toute sa dimension.

La réussite de la gestion applicative de l'IA dépend du respect rigoureux du livrable rédigé par des experts.

La réussite de la gestion applicative de l'IA dépend en effet du respect rigoureux des livrables rédigés par des experts. Ces livrables peuvent varier en fonction du projet spécifique et de ses besoins, mais voici une liste générale de livrables clés que les experts en gestion de l'IA pourraient produire :

Stratégie d'IA :
Document de stratégie d'IA qui décrit les objectifs, la portée, les ressources nécessaires et la feuille de route globale du projet d'IA.

Analyse des besoins :
Analyse détaillée des besoins commerciaux, techniques et des utilisateurs finaux pour définir les exigences du projet.

Plan de projet :
Plan détaillé du projet, y compris la planification des tâches, l'estimation des délais, la répartition des ressources et la gestion des risques.

Collecte et préparation des données :
Description des données nécessaires, sources de données, processus de collecte, nettoyage, transformation et intégration des données.

Modèles d'IA :
Description des modèles d'IA spécifiques à utiliser, y compris l'architecture, les hyperparamètres, et les méthodes d'entraînement.

Validation et évaluation des modèles :
Protocole d'évaluation des performances des modèles, métriques de qualité et rapports d'évaluation.

Déploiement de l'IA :
Plan de déploiement détaillé, y compris l'intégration dans les systèmes existants et les processus de maintenance.

Documentation technique :
Documentation complète des modèles, des codes sources, des pipelines de traitement des données et de toute infrastructure associée.

Formation et support utilisateur :
Plans de formation pour les utilisateurs finaux et les équipes de support, ainsi que des documents d'aide, et un centre de compétences ou d'excellence.

Gestion des coûts et des ressources :
Apports de gestion budgétaire, suivi des coûts et des ressources, et ajustements éventuels.

Sécurité et conformité :
Stratégies de sécurité des données, évaluations des risques et conformité aux réglementations en vigueur.

Rapports d'étape :
Rapports réguliers sur l'avancement du projet, les problèmes rencontrés et les décisions prises.

Post-implémentation et amélioration continue :

Plans pour le suivi des performances post-implémentation et l'itération des modèles d'IA pour les améliorer.

Évaluation finale et recommandations :
Évaluation globale du projet d'IA, recommandations pour l'avenir et identification des leçons apprises.

Il est important de noter que la composition exacte de ces livrables peut varier en fonction de la complexité du projet, de l'industrie et des besoins spécifiques de l'organisation. Il est donc essentiel de collaborer étroitement avec les experts en gestion de l'IA pour déterminer quels livrables sont nécessaires pour un projet donné.

Dans ces recommandations un plan de « monitoring de l'IA» devra être proposé. Ce processus de surveillance comprend la configuration d'alertes et de notifications pour recevoir des informations en temps réel sur les performances du modèle en production.

Voir https://www.youtube.com/watch?v=hVsjcsoGAww

Cette vidéo en anglais aborde la surveillance des modèles pour les applications d'IA générative, en particulier les LLM (Large Language Models).

La discussion implique un responsable produit de l'équipe d'IA responsable d'Azure, Will Buchanan, expliquant l'importance de la surveillance des LLM en production.

Le processus de mise en place de la surveillance du modèle pour un déploiement GPT-4 est expliqué, notamment en activant l'inférence, la collecte de données et les informations sur les applications.

Cette vidéo met en évidence l'importance de surveiller la cohérence, la fluidité, la pertinence et d'autres métriques pour s'assurer que le modèle se comporte correctement dans des scénarios réels.

5 – LES TYPOLOGIES D'AUDIT DE L'IA.

L'audit et l'analyse des besoins des utilisateurs /contributeurs, doivent être réalisés en fonction de l'adéquation des fonctionnalités de l'outil avec les utilisateurs/contributeurs par rapport aux objectifs de la DSI et stratégie de développement de l'entreprise et aux rôles attribués à ceux-ci.

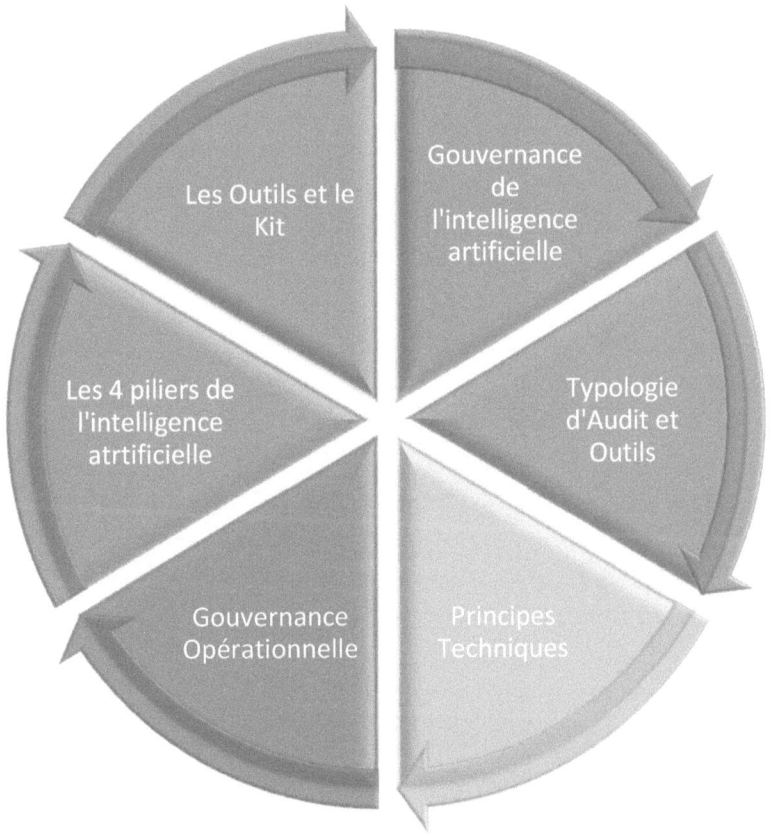

Figure 22 Les 6 étapes

Les différentes Phases : Audit – APS – Gouvernances.

L'audit de l'IA est un processus d'évaluation systématique et méthodique de l'IA afin de déterminer son niveau de sécurité, de conformité et de performance. Il est essentiel pour assurer la transparence et la responsabilité de l'IA, ainsi que pour garantir la confiance des utilisateurs et des parties prenantes.

Il existe différents types d'audit de l'IA, notamment l'audit de sécurité, l'audit de conformité et l'audit de performance. L'audit de sécurité de l'IA évalue les vulnérabilités de l'IA aux attaques et aux violations de données. L'audit de conformité de l'IA vérifie si l'IA respecte les réglementations et les normes en vigueur, telles que le RGPD ou la loi sur la protection des données personnelles. L'audit de performance de l'IA évalue la précision, la fiabilité et l'efficacité de l'IA par rapport à ses objectifs.

Les outils et les méthodes utilisés pour effectuer un audit de l'IA varient en fonction du type d'audit et des exigences spécifiques du projet. Les outils de test de sécurité automatisés peuvent être utilisés pour identifier les vulnérabilités de l'IA, tandis que des techniques de surveillance et de surveillance en temps réel peuvent être utilisées pour détecter les erreurs de performance de l'IA. Les méthodes d'audit manuel, telles que l'examen des politiques de sécurité et des procédures opérationnelles standard, sont également courantes.

L'audit de l'IA est important pour assurer la transparence et la responsabilité de l'IA. Il permet aux parties prenantes de comprendre comment l'IA est conçue, comment elle fonctionne et comment elle est utilisée. L'audit de l'IA peut également aider les organisations à identifier les lacunes et les améliorations nécessaires pour garantir la sécurité, la conformité et la performance de l'IA. En fin de compte, l'audit de l'IA est un élément clé de la gouvernance de l'IA responsable, garantissant que l'IA est développée et utilisée de manière éthique et transparente.

Audit système technique

Transfert de compétences et remise à niveau selon « best practices » et recommandations de l ISACA - OCDE - Microsoft ® et aussi se mettre en conformité avec la norme ISO/IEC JTC 1/SC 42[xxv] pour l'intelligence artificielle.

Audit fonctionnel et détermination du rôle des opérationnels/les par rapport aux serveurs d'IA

Dans certains cas un audit de sécurité sera nécessaire, notamment en ce qui concerne l'utilisation des terminaux portables (tablettes et Smartphone).

Intervention du coordinateur projet et interview des parties-prenantes (processus de la médiation appliqué à la mise en place de projets).

Élaboration d'un APS (**Avant-Projet Simplifié**, souvent acté en fonction d'une Charte de Vision).

Réajustements de l'APS et en fonction de l'évolution « en intra » du système et de la **Charte de Vision**.

La notion de "Charte de Vision" est souvent utilisée dans le domaine du leadership et de la gestion d'entreprise pour définir la direction et les objectifs d'une organisation. Une Charte de Vision est un document qui décrit la vision à long terme de l'entreprise, en définissant sa raison d'être, ses valeurs fondamentales, ses objectifs stratégiques et la manière dont elle souhaite être perçue par ses parties prenantes.

Les quelques éléments clés (4) souvent présents dans une Charte de Vision :

Vision : La vision représente l'état futur souhaité de l'entreprise. Elle décrit ce que l'organisation aspire à devenir à long terme et donne une orientation claire à tous les membres de l'entreprise.

Mission : La mission reflète le but essentiel de l'entreprise et les activités qu'elle entreprend pour atteindre sa vision. Elle définit les principaux produits ou services offerts par l'entreprise et sa proposition de valeur.

Valeurs : Les valeurs sont les principes et les croyances fondamentales qui guident le comportement et les décisions de l'entreprise. Elles définissent la culture de l'organisation et jouent un rôle clé dans la création d'un environnement de travail positif et aligné.

Objectifs stratégiques : Les objectifs stratégiques sont des déclarations concrètes qui décrivent les résultats spécifiques que l'entreprise souhaite atteindre pour réaliser sa vision. Ces objectifs peuvent être liés à la croissance, à l'innovation, à l'expansion géographique, à l'amélioration de la rentabilité, etc.

Parties prenantes : Une Charte de Vision peut également mentionner les parties prenantes de l'entreprise, c'est-à-dire les individus ou les groupes qui sont directement ou indirectement influencés par les activités de l'entreprise. Cela peut inclure les clients, les employés, les actionnaires, les fournisseurs, la communauté locale, etc.

Une Charte de Vision doit être claire, concise et facilement compréhensible par tous les membres de l'organisation. Elle sert de cadre directeur pour les prises de décision et aide à mobiliser les employés autour d'un objectif commun.

Il convient de noter que chaque entreprise peut avoir sa propre approche pour créer et formuler sa Charte de Vision en fonction de ses besoins et de sa culture spécifique.

Remise d'un livrable

Présentation au Comité de Pilotage du plan de gouvernance fonctionnelle & opérationnelle pour la pleine et entière réussite de la gestion applicative des solutions d'Intelligence Artificielle.

Sans un audit méticuleux du système existant, et sans la collaboration d'un Expert MVP (Most Valuable Professional Microsoft®) ou Architecte du cloud, les étapes indispensables à respecter pour la préparation de la mise en place d'un plan de gouvernance ne seront pas validées par rapport à la spécificité de l'architecture propre à chaque organisation.

De plus, aucune évolution de l'outil ne sera possible par rapport à la stratégie de développement de l'entreprise. Il s'agit bien là d'une des préconisations à faut prendre en compte.

Après l'audit technique et la remise ou mise à niveau des serveurs hébergeant les solutions d'IA selon les recommandations de Microsoft ® ou les 'bests practices' avec à l'appui les retours d'expériences (Souvent cette partie est consolidée par de nombreux ateliers et PoC).

Il est important de souligner que la gouvernance fonctionnelle se décline en deux temps.

Introduction à l'audit de L'IA

L'Audit c'est un passage en revue, entretien ou audition pour évaluation ou appréciation d'une situation à un instant T.

L'expertise spécifique d'auditeur fonctionnel par rapport aux collections de site, réside fondamentalement dans sa connaissance et dans son expérience de la méthodologie d'audit, mais cela ne suffit pas à définir sa qualification.

La qualification de l'auditeur fonctionnel par rapport à la détermination des rôles des opérationnels et son périmètre d'intervention peut se définir par rapport à trois impératifs.

La connaissance de la méthodologie générale de l'audit

L'audit ayant pour but d'améliorer l'efficacité, l'accent sera mis sur l'importance de la pratique effective de l'auditeur sur les TIC et l'IA et notamment par rapport à l'architecture systèmes.

Cela implique que, si l'auditeur fonctionnel n'est pas nécessairement un spécialiste des questions du personnel, il doit néanmoins posséder un niveau de connaissance et de pratique qui lui permette de :

a. Bien comprendre et se faire comprendre des praticiens partis prenantes des installations mises en place (hardware, software).
b. Pour ce faire il lui faut communiquer utilement avec les autres fonctionnels de l'entreprise (DSI, Direction de la Communication, Direction des services financiers, DRH, sous-traitant Software, etc.).
c. Il doit savoir poser des questions pertinentes aux spécialistes et experts susceptibles d'éclairer les problèmes de gestion des TIC (Technologies de l'Informations et de la Communication) : MVP Microsoft ® (IA et Azure), responsables logiciels, statisticiens, webmasters...
d. Et enfin discuter de ses constats et de ses propres interrogations avec les autres intervenants dans d'autres champs de la gestion de l'entreprise.

Flexibilité d'un PGF

Ces diverses contraintes dans la mise en œuvre de la méthodologie d'audit au champ du pilotage L'IA des organisations ont des conséquences en ce qui concerne :

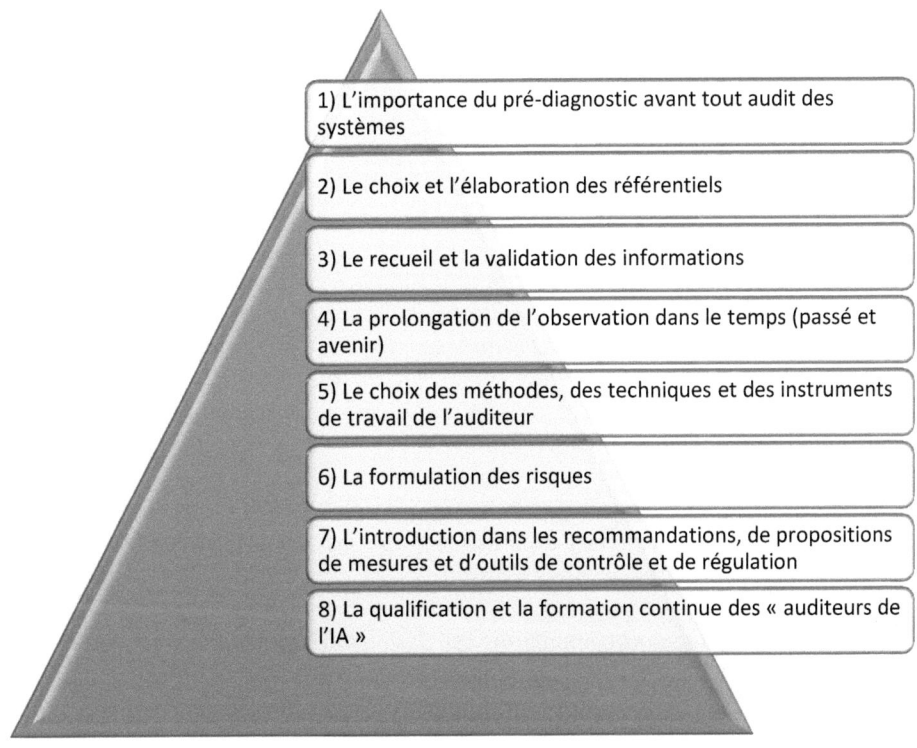

Figure 23 Figure 15 Méthodologie d'audit

Recommandations au niveau des IA et audits

 *Quelle recommandation en matière de politiques concernant les systèmes d'intelligence artificielle (IA) et les audits qui leur sont associés.*

Ce texte propose plusieurs recommandations en matière de politiques concernant les systèmes d'intelligence artificielle (IA) et les audits qui leur sont associés.

Tout d'abord, il est recommandé d'assurer la protection juridique des tierces parties. Actuellement, certaines lois sur la fraude informatique, les abus et la cybersécurité peuvent rendre ces tierces parties vulnérables à des poursuites judiciaires lorsqu'elles remettent en question des faits importants pour mener un audit. Il est suggéré d'inclure des exceptions pour les journalistes et les chercheurs universitaires.

Ensuite, il est recommandé d'exiger des audits réalisés par des tierces parties pour les systèmes d'IA utilisés par les organismes gouvernementaux ou bénéficiaires de fonds fédéraux.

Un autre point important est de fournir un accès aux données aux tierces parties approuvées qui effectuent les audits. Actuellement, ces tierces parties ont souvent un accès limité aux données, au code et à la documentation, ce qui peut compromettre la qualité de l'audit. Il est donc recommandé de garantir un accès adéquat à ces informations.
Il est également proposé de soutenir et d'autoriser les audits réalisés par des tierces parties. Les organismes de réglementation devraient jouer un rôle actif dans le soutien et l'autorisation de ces audits, plutôt que de se concentrer uniquement sur des directives internes en matière de responsabilité.

Une autre recommandation concerne le renforcement des mesures de protection pour les lanceurs d'alerte, qu'ils soient du secteur privé ou public, qui dénoncent les pratiques, produits ou services liés aux algorithmes violant des normes, des obligations légales, des droits civils ou des droits humains.

Enfin, le texte aborde la question de la certification des auditeurs de systèmes d'IA. Il est suggéré de mettre en place un processus formel de certification pour garantir la qualité et la fiabilité des audits. Cependant, il est souligné qu'il est important de veiller à ce que ces processus de certification ne soient pas accaparés par l'industrie et qu'ils restent accessibles aux chercheurs indépendants.

Actuellement, il existe peu de mécanismes de contrôle pour évaluer la qualification et l'indépendance des auditeurs de systèmes d'IA. Les fournisseurs de ces systèmes peuvent engager n'importe qui pour effectuer des audits et prétendre ensuite que leurs systèmes ont été audités. Cette situation souligne l'importance d'une surveillance publique et d'une certification appropriée des auditeurs.

En tant qu'expert, je peux vous fournir certaines recommandations générales en matière de politiques concernant les systèmes d'intelligence artificielle (IA) et les audits qui leur sont associés. Cependant, il est important de noter que les politiques spécifiques peuvent varier en fonction du pays, de l'organisation ou du secteur concerné. Voici quelques recommandations clés :

Développer des normes et des réglementations claires : Les gouvernements devraient travailler en collaboration avec les experts de l'IA pour élaborer des normes et des réglementations claires qui guident le développement, le déploiement et l'utilisation des systèmes d'IA. Ces normes devraient inclure des exigences en matière de transparence, de responsabilité, de confidentialité des données et de sécurité.

Effectuer des audits indépendants : Il est essentiel de mettre en place des mécanismes d'audit indépendants pour évaluer les systèmes d'IA et garantir leur conformité aux normes établies. Les audits peuvent inclure des examens de la conception, du processus de développement, des algorithmes utilisés, des données d'entraînement, des protocoles de test et des résultats obtenus.

Assurer la transparence des systèmes d'IA : Les organisations qui développent et utilisent des systèmes d'IA devraient être tenues de fournir des informations claires et compréhensibles sur le fonctionnement de ces systèmes. Cela peut inclure la divulgation des principes et des méthodes utilisées, ainsi que des informations sur les biais potentiels, les limites et les risques associés.

Protéger la confidentialité des données : Les politiques en matière d'IA devraient inclure des mesures pour protéger la confidentialité des données utilisées par ces systèmes. Cela implique de garantir le consentement éclairé des utilisateurs, de mettre en place des mécanismes de sécurité robustes pour prévenir les fuites de données et d'adopter des pratiques de minimisation des données.

Encourager la recherche et le partage des connaissances : Les politiques devraient favoriser la recherche et le partage des connaissances dans le domaine de l'IA. Cela peut être réalisé en soutenant la collaboration entre les chercheurs, en encourageant la publication des résultats de recherche et en facilitant l'accès aux données nécessaires pour valider et évaluer les systèmes d'IA.

Promouvoir la responsabilité et l'éthique : Les politiques relatives à l'IA devraient encourager les pratiques responsables et éthiques dans le développement et l'utilisation des systèmes d'IA. Cela peut impliquer la création de comités d'éthique pour superviser les décisions liées à l'IA, l'intégration de principes éthiques dans la conception des systèmes, et l'évaluation de l'impact social et environnemental des technologies d'IA.

Ces recommandations visent à établir un cadre réglementaire et éthique solide pour guider le développement et l'utilisation des systèmes d'IA. Il est essentiel que les politiques soient adaptées aux besoins spécifiques de chaque pays et qu'elles évoluent en même temps que la technologie pour relever

La démarche générale de l'audit de l'IA

5 étapes ouvrant vers des actions précises et incontournables.

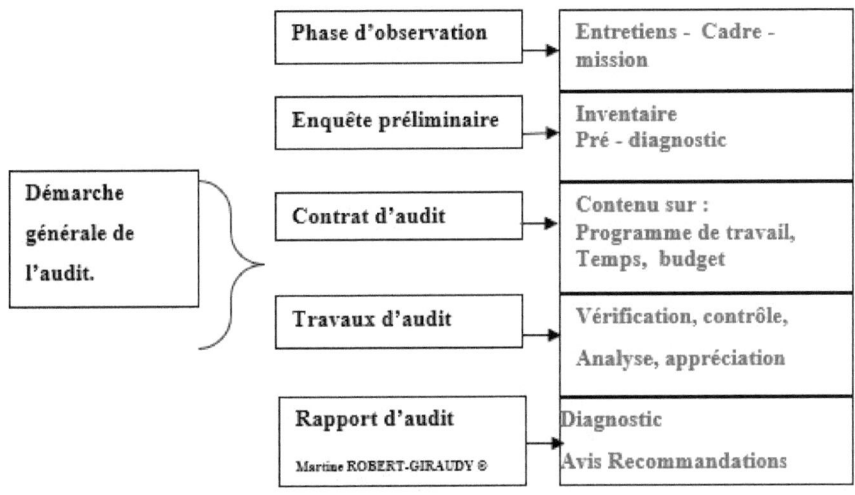

Schéma de la démarche générale de l'audit

Figure 24 5 Étapes d'audit

Le résultat de cette démarche doit donner lieu à un document de prévision et de gestion (souvent appelé livrable)

L'enquête préliminaire concerne

- L'identification des axes et des orientations à privilégier
- La connaissance générale de l'entité auditée
- Les caractéristiques techniques, commerciales, financières et économiques
- La liste des informations à recueillir.
- Expliquez clairement ce que le système peut faire (Microsoft HAX Toolkit – voir dans les chapitres n°9 et n°10 outils n°7)
- https://www.microsoft.com/en-us/haxtoolkit/guideline/make-clear-what-the-system-can-do/

Le programme de travail

- Les personnes à rencontrer
- Création du référentiel (si absence)
- Identification du référentiel (constatations matérielles à effectuer)
- Les documents à utiliser
- La chronologie des interventions
- Le temps à consacrer

Les travaux d'audit

- (Liste à adapter en fonction du type d'audit)
- L'interview des personnes nécessaires
- L'analyse des documents obligatoires
- L'examen des manuels de procédures et des descriptifs de poste
- Les enquêtes auprès du personnel responsable (Interviews, questionnaires)
- Les traitements des comptes rendus.

Toutes ces étapes doivent être détaillées et formalisées et validées avec le donneur d'ordre afin d'optimiser l'audit.

Les typologies et objectifs de l'audit

Plusieurs typologies existent, ci-dessous le détail :

- A1 : L'audit stratégique (AS de l'IA).
- A2 : L'audit de régulation ou d'harmonisation des systèmes (AR de l'IA).
- A3 : L'audit des procédures (AP de l'IA).

NIV 1 AS - IA → NIV 2 AR - IA → NIV 3 AP - IA

L'audit stratégique IA : analyse de la traduction en plans et programmes

- Stratégie sociale : recherche d'éventuelles contradictions entre les politiques sociales ;
- Stratégie générale de l'entreprise : développement des comportements sociaux en harmonie avec la politique de développement de l'entreprise ;
- Dynamisme, Acceptation du risque, Reconfiguration, Réorganisation de l'entreprise ;
- Analyse de traduction en plans et programmes des décisions stratégiques.

L'audit de régulation

- Recherche et analyse de régulateurs ;
- Pilotage du changement ou mise en place d'une coordination ou d'un comité de pilotage du changement en intra ;
- Analyse des effets à court terme et moyen terme des décisions de gestion courante.

L'audit des procédures

- Identification des procédures de mise en œuvre ;
- Adaptation des procédures ;
- Analyse de pertinence et de la mise en œuvre des règles de fonctionnement au niveau pyramidal ou transversal de l'entité, du groupe, tant au niveau national qu'international.

L'audit IA selon ChatGPT

 *Me développer : l'Audit de l'IA*

L'audit de l'IA est un processus d'évaluation systématique et méthodique de l'IA afin de déterminer son niveau de sécurité, de conformité et de performance. Il est essentiel pour assurer la transparence et la responsabilité de l'IA, ainsi que pour garantir la confiance des utilisateurs et des parties prenantes.

Il existe différents types d'audit de l'IA, notamment l'audit de sécurité, l'audit de conformité et l'audit de performance. L'audit de sécurité de l'IA évalue les vulnérabilités de l'IA aux attaques et aux violations de données. L'audit de conformité de l'IA vérifie si l'IA respecte les réglementations et les normes en vigueur, telles que le RGPD ou la loi sur la protection des données personnelles. L'audit de performance de l'IA évalue la précision, la fiabilité et l'efficacité de l'IA par rapport à ses objectifs.

Les outils et les méthodes utilisés pour effectuer un audit de l'IA varient en fonction du type d'audit et des exigences spécifiques du projet. Les outils de test de sécurité automatisés peuvent être utilisés pour identifier les vulnérabilités de l'IA, tandis que des techniques de surveillance et de surveillance en temps réel peuvent être utilisées pour détecter les erreurs de performance de l'IA. Les méthodes d'audit manuel, telles que l'examen des politiques de sécurité et des procédures opérationnelles standard, sont également courantes.

L'audit de l'IA est important pour assurer la transparence et la responsabilité de l'IA. Il permet aux parties prenantes de comprendre comment l'IA est conçue, comment elle fonctionne et comment elle est utilisée. L'audit de l'IA peut également aider les organisations à identifier les lacunes et les améliorations nécessaires pour garantir la sécurité, la conformité et la performance de l'IA. En fin de compte, l'audit de l'IA est un élément clé de la gouvernance de l'IA responsable, garantissant que l'IA est développée et utilisée de manière éthique et transparente.

| NIV 1 ACONF - IA | NIV 2 AE-PERF | NIV 3 ARS | NIV 4 ASEC |

D'autre types d'audits

-
- <u>Audit de conformité</u> : Contrôle de l'information existante, contrôle de l'application des procédures
- <u>Audit d'efficacité</u> ou audit de performance : Examen des politiques de développement des systèmes
- <u>Audit des risques sociaux</u> : Analyse des relations sociales et du climat général
- <u>Audit de sécurité</u> : Examen des conséquences

Niveau 1 : Audit de conformité de l'utilisation de l'IA

<u>Contrôle de l'information en interne</u> : Contrôle de l'application des procédures Microsoft ® ;

<u>Contrôle de l'information en interne</u> : Informations historiques, prévisionnelles, internes, externes, quantitatives, qualitatives, formelles, informelles, chiffrées ou non ;

<u>Contrôle de l'application des procédures</u> : Respect des opérations par rapport aux règles en vigueur (dispositions légales ou réglementaires, sources conventionnelles, procédures internes, usages et procédures non formalisées) Référentiel de l'auditeur.

Niveau 2 : Audit d'efficacité de l'utilisation de l'IA

L'examen des politiques de développement des systèmes entraîne des risques et des conséquences (cela pourra faire l'objet de tableau de bord des risques afin de les quantifier).

- Politique de l'emploi = Politique de gestion des compétences
- Politique des rémunérations = Politique de management
- Politique de sécurités = Politique d'amélioration des conditions de travail
- Politique de formation = Politique des relations avec les partenaires sociaux
- Politique de communication=Politique avec les utilisateurs, contributeurs

Le rôle **des IRP (Instances Représentatives du Personnel)** est un pivot de la phase d'audit, car les IRP, d'autres contraintes légales existent et doivent être prises en compte, notamment, à titre d'exemple, l'obligation de mettre la convention collective à disposition des employés sur cet intranet.

1. Comprendre les IRP : Avant de mettre en place une solution IA, il est crucial de comprendre le rôle et les responsabilités des Instances Représentatives du Personnel dans votre contexte législatif et organisationnel. Cela peut inclure les comités d'entreprise, les délégués du personnel, les comités de santé et de sécurité, etc.

2. Communication et collaboration : Impliquez dès le début les membres des IRP dans le processus de mise en place d'une solution IA. Leur collaboration est essentielle pour comprendre leurs besoins et leurs préoccupations et ainsi adapter la solution en conséquence.

3. Formation : Assurez-vous que les membres des IRP sont formés aux concepts de base de l'IA et de ses implications potentielles. Cela les aidera à participer de manière informée et proactive aux discussions concernant la solution IA.

4. Transparence : Mettez en place une communication transparente sur la manière dont l'IA sera utilisée, les données qui seront collectées, comment les décisions seront prises, et comment cela peut influencer les relations de travail.

Rappelez-vous que chaque organisation a des besoins et des contextes différents, il est donc important d'adapter ces conseils en fonction de votre situation spécifique. Il est également recommandé de consulter des experts en droit du travail et en IA pour vous assurer que vos efforts sont conformes aux réglementations en vigueur.

Communication et collaboration : Impliquez dès le début les membres des IRP dans le processus de mise en place d'une solution IA. Leur collaboration est essentielle pour comprendre leurs besoins et leurs préoccupations et ainsi adapter la solution en conséquence.

Formation : Assurez-vous que les membres des IRP sont formés aux concepts de base de l'IA et de ses implications potentielles. Cela les aidera à participer de manière informée et proactive aux discussions concernant la solution IA.

Transparence : Mettez en place une communication transparente sur la manière dont l'IA sera utilisée, les données qui seront collectées, comment les décisions seront prises, et comment cela peut influencer les relations de travail.

Rappelez-vous que chaque organisation a des besoins et des contextes différents, il est donc important d'adapter ces conseils en fonction de votre situation spécifique. Il est également recommandé de consulter des experts en droit du travail et en IA pour vous assurer que vos efforts sont conformes aux réglementations en vigueur.

Niveau 3 : Audit des risques sociaux

L'audit social doit permettre d'analyser, d'évaluer et d'effectuer un diagnostic sur la qualité de la gestion du projet par rapport aux règlements et obligations en vigueur. Déterminer les ressources humaines mobilisables, puis analyser les dysfonctionnements, les risques et la cohérence des décisions managériales.

Ce niveau 3 lié aux différents types d'audit est uni aux règles et à leurs modifications ou 'non-respect' des obligations pour plusieurs raisons exposées dans le schéma ci-dessous : **audit des risques sociaux.**

Niveau 4 : Audit des risques et sécurité

> L'audit des risques doit permettre d'analyser, d'évaluer et d'effectuer un diagnostic sur la qualité de la gestion du projet par rapport aux règlements et obligations en vigueur. Déterminer les ressources humaines mobilisables, puis analyser les dysfonctionnements, les risques et la cohérence des décisions managériales.

Choix de catégories et d'activités pour l'audit

L'audit de catégories et les audits d'activités spécifiques adaptés à l'IA en 2023 reposent sur les cinq points décrits ci-après.

Dans le cadre de l'harmonisation des systèmes il faudra donc vérifier :

1. L'existence d'une charte graphique commune à tous les services (notamment pour les Chabot) ;
2. L'existence d'une charte de navigation (en ce qui concerne les arborescences);
3. L'existence d'une charte des règlements de l'utilisation des Extranet/Intranet (respects du cloisonnement des informations);
4. La place de l'utilisation de l'IA par les Instances représentatives du personnel ;
5. Les besoins de création d'un « kit d'accompagnement » pour les responsables de l'IA par rapport à leurs besoins fonctionnels.

Cette démarche va donner lieu *in-fine* à la rédaction d'un document intitulé rapport d'audit qui sera la fidèle reproduction de l'état de l'avancement du projet d'IA à un instant T.

L'audit de catégories implique certaines contraintes et règles, notamment un climat social si possible stable. Avant toutes actions, il faudra en mesurer les conséquences ainsi que les changements que celui-ci va apporter. Une consultation des IRP serait une opportunité à prendre en compte avant l'audit (souvent cela permet de mettre en place une analyse par risques sociaux).

L'analyse financière du revenu disponible selon le statut choisi et la stratégie de développement des solutions d'IA au sein de l'entreprise, permet de consolider le R.O.I. et d'anticiper des points de discordes. L'ensemble ayant une incidence en termes de prestations (audit de prévoyance des investissements).

La Présentation des travaux en cinq points

« Ce qui est supposé être »	Normes (Légales, réglementaires, conventionnelles, usuelles, contractuelles)
« Ce qui a été observé, ce qui est »	Résume des faits observés
« Pourquoi cela est-il arrivé »	Causes
« Financières (coût) et humaines »	Conséquences
« Ce qui pourrait être fait »	Recommandations

L'auditeur doit impérativement répondre aux critères suivants

Être intègre et objectif, mais attention, il risque une dépendance économique.	Préserver son indépendance
Être compétent par : une formation approfondie, des mises à jour de ses connaissances	Détenir des Expertises reconnues (Certifications – titres – diplômes)

sur L'IA et de la gestion globale de l'organisation.	
Avoir une qualité de travail irréprochable par une méthodologie rigoureuse.	Appliquer et utiliser des Outils et méthodes (KIT – PGG – MOF – ITIL - Normes ISO)
Avoir une conscience professionnelle et être diligent.	Disposer de Références et des certificats
Procéder à des délégations contrôlées et notamment proposer une coordination par un tiers extérieur.	Déléguer et Rapporter
Pour le secret professionnel exiger qu'il ne rende compte qu'au prescripteur et qu'il puisse contrôler la diffusion du rapport d'audit. Il doit respecter la déontologie professionnelle.	Respecter la Confidentialité

Mise en place d'un comité de pilotage

La gouvernance fonctionnelle est liée aux acteurs, afin de les épauler pour la mise en place d'un Comité de pilotage. Pour garder le contrôle d'un projet, et assurer un bon suivi de progression, il est indispensable de constituer une équipe pluridisciplinaire, à la fois partie-prenante et gestionnaire du projet. Il est donc fortement recommandé de mettre en place, parallèlement à la mise en œuvre d'un plan de gouvernance dédié à l'IA, un Comité de pilotage.

<u>Les parties prenantes, au sein de ce comité ont chacune un rôle bien déterminé selon les profils suivants</u> :

- Les décisionnaires
- Les responsables désignés en Intra
- Les responsables extérieurs à l'entreprise
- Le pilote du projet
- Le chef du projet
- Le coordinateur du projet

- Le responsable de la conduite du changement

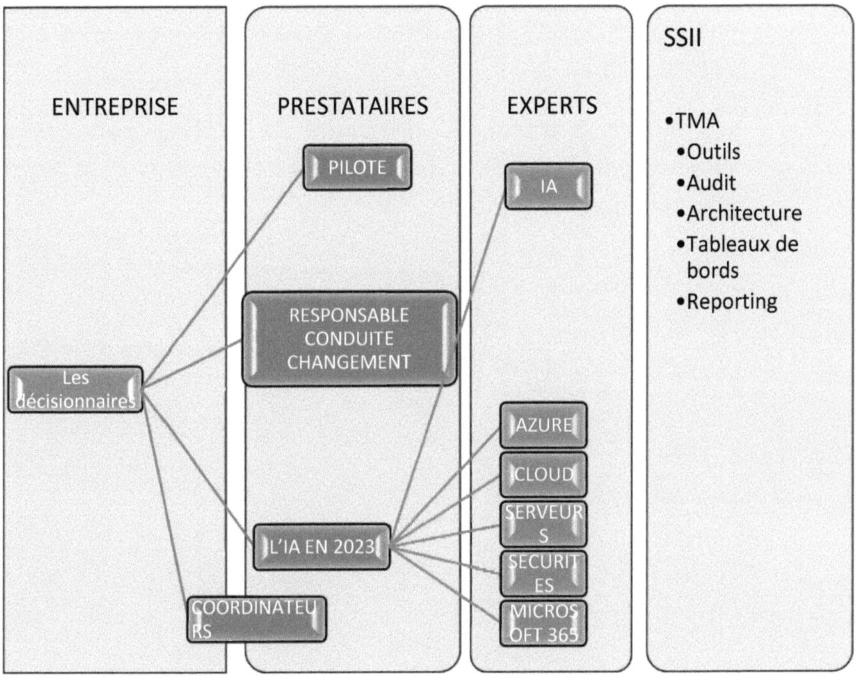

Figure 25 4 Catégories d'intervenants et leurs fonctions

Le renforcement d'un suivi efficace se traduira par des ajustements de méthodes ou de procédures par la DSI en complète adéquation avec les besoins des utilisateurs ou contributeurs.

Quiconque est responsable d'un suivi particulier, que ce soit au niveau des services transversaux ou à celui de l'évolution de l'outil, celui-ci fournira des notes de discussions ponctuelles sur la progression de l'utilisation de l'IA.

Le processus du suivi de l'utilisation de l'IA sera mieux compris de tous les utilisateurs contributeurs à partir du moment où un Comité de pilotage sera mis en place et qu'il aura un rôle actif lors des premières réunions de coordination.

Les réunions organisées par la DSI serviront à faire le point sur les différentes grandes étapes de la mise en place de la plateforme collaborative et à la faire évoluer en fonction des besoins propres aux services transversaux dans l'entreprise.

Les différents membres du comité de pilotage pourront communiquer directement avec leurs propres services et servir de vecteurs pour la conduite du changement.

6 – LES QUATRE PILIERS DE L'IA SES PLANS, LES OUTILS.

Avant tout il faut considérer **les quatre piliers** des IA qui la composent. Il faut toujours les avoir en mémoire afin de piloter correctement la gouvernance de l'IA.

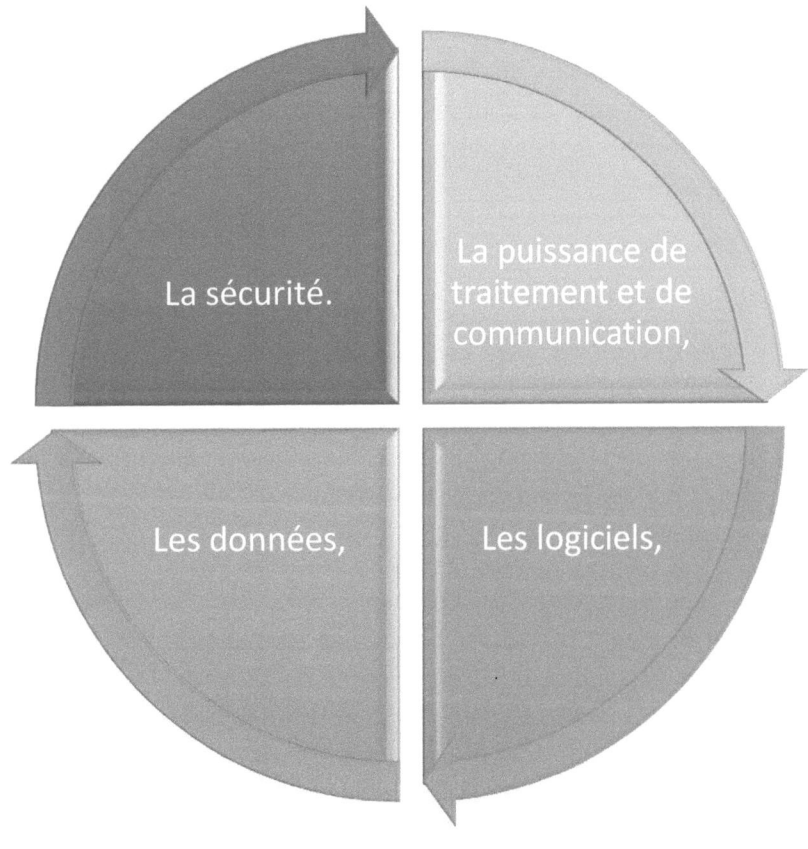

Figure 26 La roue 4 piliers IA

« Dans une stratégie d'IA, la culture et la conduite du changement sont très importantes. Les métiers doivent pouvoir parler et se comprendre avec les équipes Data et IA. » **Ygal Levy, Directeur Division Conseil de Microsoft France.**

Je pose cette question à GPT4 (plan pour GPT4) Définition d'un plan de gouvernance d'un chatbot

Le plan de gouvernance d'un chatbot est un ensemble de règles et de procédures qui permettent de garantir la qualité et la sécurité du chatbot. Il doit être élaboré en fonction des objectifs de l'entreprise et des besoins des utilisateurs. Les chatbots sont des outils d'optimisation de la gestion documentaire et pour simuler une conversation humaine et amplifier les performances des chatbots, il est nécessaire de les équiper en intelligence artificielle.

Les solutions concernées dans le cadre de notre approche

Les suivants en ce qui concerne la gouvernance de :

- L'IA en général, ChatGPT, DALL·E-2, OpenAI (API et Plugin)
- Les solutions MICROSOFT en incluant bien sur COPILOT,
- Les Frameworks, SDK, APPs.

La première solution est celle de ChatGPT

OpenAI travaille sur plusieurs projets dans le domaine de l'intelligence artificielle. L'un de ses projets les plus connus est GPT-3, un modèle de langage naturel qui peut générer du texte en réponse à des questions[3]. OpenAI travaille également sur des projets tels que DALL-E, un programme qui peut générer des images à partir de descriptions textuelles[1]. OpenAI a également travaillé sur des projets tels que la reconnaissance d'images et la reconnaissance vocale[2]. Les équipes ou les personnes chargées de développer et de déployer des systèmes d'IA doivent s'employer à identifier, mesurer et atténuer les dommages en respectant les six principes énoncés dans ces chapitres.

La seconde solution est celle de MICROSOFT et COPILOT

La gouvernance de collaboration de Microsoft englobe différents aspects essentiels qui doivent être soigneusement planifiés, coordonnés et adaptés pour répondre aux besoins changeants des organisations et à l'évolution de la technologie. L'un de ces aspects est l'assurance opérationnelle, qui se concentre sur le maintien de la plateforme opérationnelle et la garantie des performances.

En ce qui concerne la gouvernance de collaboration dans Microsoft 365, la plateforme offre une infrastructure complète pour gérer les groupes Microsoft 365. Cela inclut des fonctionnalités de gestion et de gouvernance à grande échelle, ainsi que des meilleures pratiques visant à favoriser l'utilisation et l'adoption des outils de collaboration.

La gestion à grande échelle permet aux organisations de gérer efficacement un grand nombre de groupes Microsoft 365, en fournissant des fonctionnalités telles que la création, la modification et la suppression centralisées de groupes. Cela facilite la mise en œuvre cohérente des politiques de gouvernance et garantit la conformité avec les exigences organisationnelles.

Les meilleures pratiques pour favoriser l'utilisation et l'adoption des outils de collaboration sont également intégrées dans l'infrastructure de gouvernance de collaboration de Microsoft 365. Cela comprend des conseils et des ressources pour promouvoir l'engagement des utilisateurs, optimiser l'expérience de collaboration et encourager l'adoption des fonctionnalités avancées offertes par Microsoft 365.

En outre, Microsoft propose des options de libre-service pour permettre aux utilisateurs de prendre en charge certains aspects de la gouvernance de collaboration par eux-mêmes. Cela comprend des fonctionnalités telles que la gestion des autorisations, la création de sites d'équipe et la configuration des paramètres de collaboration, offrant ainsi une plus grande autonomie aux utilisateurs tout en maintenant des contrôles de gouvernance appropriés.

Si vous souhaitez obtenir des informations plus détaillées sur les options de gouvernance du cycle de vie pour les outils de collaboration Microsoft 365, vous pouvez consulter la documentation fournie par Microsoft. Cette documentation fournit des informations complètes sur les fonctionnalités et les bonnes pratiques de gouvernance dans Microsoft 365, permettant ainsi aux organisations de mettre en place une gouvernance efficace et adaptée à leurs besoins spécifiques.

Créer votre plan de gouvernance de collaboration | Microsoft Learn

Il est toujours préférable de commencer votre transition vers Microsoft 365[xxvi] avec une vision claire, voici un exemple de questions qu'il faut se poser :

1. Quels sont vos principaux objectifs métier ?
2. Comment les outils et les fonctionnalités apporteront-ils de la valeur à l'ensemble de l'organisation et aux employés individuels ?
3. Comment allez-vous mesurer la réussite ?
4. Quelles ressources informatiques vont être dédiées à l'IA ?
5. Quel plan de classement avez-vous prévu ?
6. Avez-vous une taxonomie au sein de votre organisation ?

La gouvernance est l'ensemble de stratégies, de rôles, de responsabilités et de processus qui contrôlent la façon dont les divisions commerciales et les équipes informatiques de votre organisation travaillent ensemble pour atteindre ses objectifs.

Des solutions et des outils pour une gouvernance de l'IA par des experts. Tome 2.

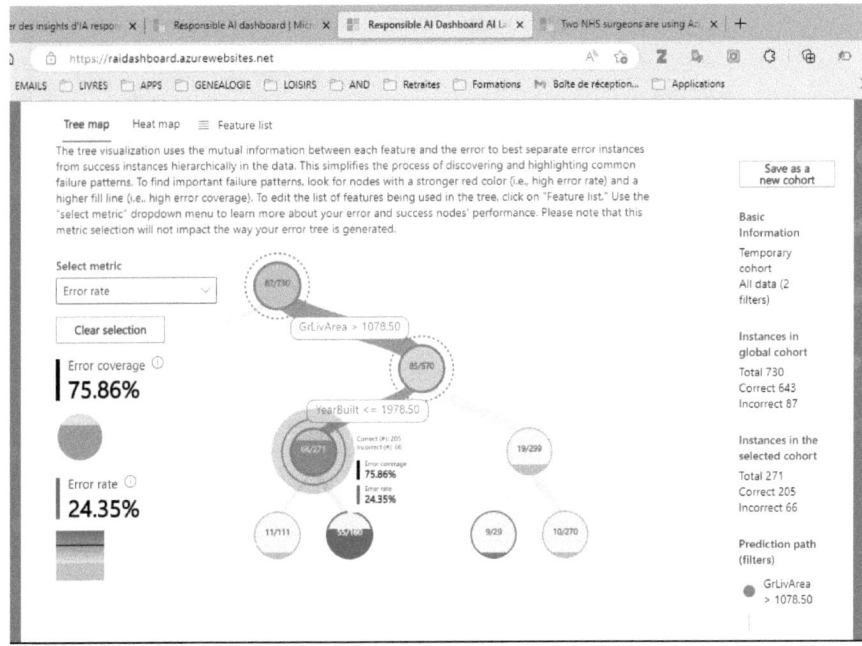

Figure 27 Tableau de bord

Nous vous recommandons d'envisager d'abord la gouvernance lorsque vous commencez à travailler avec les solutions Microsoft. Le fait d'avoir un plan de gouvernance en place tôt peut aider votre organisation à rester conforme à vos processus et réglementations métier. Deux des principaux modes d'utilisation des solutions Microsoft dans une organisation sont les sites intranet et la collaboration (COPILOT). Consultez Planification de la gouvernance intranet et Vue d'ensemble de la gouvernance de la collaboration dans Microsoft 365 pour en savoir plus sur la gouvernance dans ces deux domaines.

L'utilisation d'Azure OpenAI doit suivre **les six principes de l'IA** de Microsoft

1. Équité : les systèmes IA ne doivent pas prendre de décisions qui discriminent ou soutiennent les préjugés contre un groupe ou un individu.
2. Fiabilité et sécurité : les systèmes IA doivent répondre de manière sécurisée aux nouvelles situations et aux manipulations potentielles.
3. Confidentialité et sécurité : les systèmes IA doivent être sécurisés et respecter la confidentialité des données.
4. Intégration : les systèmes IA doivent autonomiser et faire participer tout le monde.
5. Responsabilité : les personnes doivent être responsables du mode d'opération des systèmes IA.
6. Transparence : les systèmes d'IA doivent proposer des explications afin que les utilisateurs puissent comprendre comment ils sont générés et utilisés.

Le tableau de bord IA responsable.

Voici un exemple des critères d'un tableau de bord pour l'IA responsable. Ce tableau de bord est conçu pour aider les entreprises à surveiller et à mesurer leur utilisation de l'IA, en s'assurant qu'elle est utilisée de manière responsable, éthique et transparente.

Transparence :

- Nombre de décisions prises par l'IA qui ont été expliquées aux utilisateurs
- Taux de compréhension de l'explication fournie par les utilisateurs
- Évaluation de la clarté de l'explication fournie par l'IA

Équité :

- Nombre de biais détectés dans les données d'entraînement de l'IA
- Mesure de l'équité dans les décisions prises par l'IA pour différents groupes démographiques
- Nombre de plaintes déposées pour des décisions présumées injustes prises par l'IA

Confidentialité :

- Nombre de violations de données signalées
- Mesure de la conformité aux réglementations sur la protection des données
- Mesure de l'utilisation appropriée des données personnelles collectées par l'IA

Responsabilité :

- Mesure de la performance de l'IA par rapport aux objectifs définis
- Évaluation de la fiabilité des résultats de l'IA
- Mesure de l'impact sur les parties prenantes de l'utilisation de l'IA

Intégrité :

- Mesure de la conformité aux normes éthiques et aux codes de conduite de l'entreprise
- Évaluation de l'adéquation de l'IA aux valeurs de l'entreprise
- Mesure de la conformité aux lois et réglementations applicables

Ces mesures peuvent être suivies au fil du temps pour surveiller la performance de l'IA responsable et identifier les domaines qui nécessitent une amélioration.

Il est important de noter que ces mesures ne sont qu'un exemple et peuvent être adaptées en fonction des besoins et des priorités de chaque entreprise.

7 – TAXONOMIE ET SEMANTIQUE, UN DUO GAGNANT.

Pourquoi faire un plan de La taxonomie ?

Un plan de taxonomie est utilisé pour regrouper des informations en fonction de leur similarité ou de leurs différences afin de faciliter l'organisation, la recherche et la compréhension des données.

Voici quelques raisons pour lesquelles il est utile de créer un plan de taxonomie :

Organisation de l'information : Un plan de taxonomie permet de structurer et d'organiser les informations de manière logique. Il crée une hiérarchie et des catégories qui permettent de classer les données de manière cohérente. Cela rend plus facile la navigation et la recherche d'informations spécifiques.

Facilitation de la recherche : En regroupant les informations similaires, un plan de taxonomie permet aux utilisateurs de trouver rapidement ce qu'ils recherchent. Lorsqu'une taxonomie est bien conçue, elle peut servir de guide pour la recherche en proposant des chemins clairs vers les informations pertinentes.

Amélioration de la convivialité : En utilisant un plan de taxonomie cohérent, les utilisateurs peuvent naviguer plus facilement à travers les informations. Cela peut réduire la confusion et la frustration liées à la recherche d'informations dans un ensemble de données désorganisé.

Compréhension des relations : Un plan de taxonomie peut aider à comprendre les relations entre les différentes entités et catégories d'informations. Il peut montrer les liens entre les éléments similaires et mettre en évidence les différences importantes. Cela permet de mieux comprendre la structure et la signification des données.

Collaboration efficace : Lorsque plusieurs personnes travaillent sur un ensemble de données, un plan de taxonomie facilite la collaboration en offrant un cadre commun pour l'organisation des informations. Il permet de normaliser les classifications et de rendre les données plus accessibles et compréhensibles pour l'ensemble de l'équipe.

En résumé, un plan de taxonomie est un outil précieux il facilite l'organisation, la recherche, la compréhension et la collaboration autour des données, améliorant ainsi l'expérience utilisateur et l'efficacité globale.

 *Nous expliquer la taxonomie*

La taxonomie est un système de classification et d'organisation des données. C'est un ensemble de termes, de concepts et de relations hiérarchiques qui permettent de regrouper des informations en fonction de leur similarité ou de leurs différences.

La taxonomie est utilisée dans de nombreux domaines, y compris les sciences naturelles, les bibliothèques et les bases de données en ligne. Dans le contexte de l'informatique, la taxonomie est utilisée pour organiser et structurer les données afin de faciliter leur recherche et leur récupération.

Il existe plusieurs types de taxonomies, notamment les taxonomies hiérarchiques, les taxonomies en réseau et les taxonomies facettées. Les taxonomies hiérarchiques sont les plus courantes et consistent en une structure de catégories et de sous-catégories. Les taxonomies en réseau sont basées sur des relations multiples entre les termes. Les taxonomies facettées sont des taxonomies multiples qui utilisent plusieurs dimensions pour classer les informations.

La création d'une taxonomie nécessite une compréhension approfondie de la structure des données et des besoins des utilisateurs finaux. Les responsables de la création de la taxonomie doivent comprendre les types d'informations

> *à inclure dans la taxonomie et comment les catégoriser de manière efficace. Ils doivent également être en mesure de déterminer comment organiser les termes et les relations hiérarchiques de manière logique et cohérente.*
>
> *Une taxonomie efficace permet une navigation facile et une recherche rapide des données, ce qui peut augmenter l'efficacité et la productivité des utilisateurs finaux. Elle peut également aider à éviter la duplication des données et à améliorer la qualité de l'information en fournissant des termes normalisés et cohérents pour décrire les données.*
>
> *En somme, la compréhension des fondamentaux de la taxonomie est essentielle pour la création et la gestion de données organisées et cohérentes, qui peuvent faciliter la recherche et l'accès aux informations nécessaires pour les utilisateurs finaux.*

La Taxonomie ITaaS

Depuis quelques années la taxonomie d'entreprise s'est vue évoluer d'une façon plus automatisée, nous amenant peu à peu dans le domaine de l'Intelligent Taxonomy as a Service, où la création à la volée de labels ou « tags » sont générés à travers des modèles de données préétablies facilitant le remplissage trop souvent fastidieux des utilisateurs métiers. L'objectif étant multiple (voir encadré ci-dessous), mais également de créer de nouveaux « business models » où il y peu cette faculté de générée une classification « parlante » pour les départements métiers étant plus un mythe. Maintenant cela est devenue une réalité et cela grâce aux avancées de l'IA dans ce domaine, permettant de reproduire à une certaine échelle la pensée ou du moins une façon de détecter comme un humain la bonne classification.

Nous expliquer : L'Intelligent Taxonomy As a Service (ITaaS)

L'Intelligent Taxonomy As a Service (ITaaS)

C'est une approche innovante qui vise à mettre en place une gouvernance, une formation et une gestion de la taxonomie basée sur l'implication des responsables métiers. Cette approche est axée sur la participation des experts métiers dans le processus de création et de maintenance de la taxonomie, tout en utilisant les ressources techniques fournies par l'ITaaS. La taxonomie est un système de classification des données qui permet d'organiser, de structurer et de catégoriser les informations. Elle est souvent utilisée dans les systèmes de gestion de contenu, les moteurs de recherche et les applications de veille pour faciliter la recherche et la récupération des données. La taxonomie est également utilisée dans les systèmes d'entreposage de données pour faciliter l'analyse et la compréhension des données.

Dans le passé, la création et la maintenance de la taxonomie étaient souvent la responsabilité exclusive des équipes IT. Cependant, cette approche avait ses limites car les experts métiers n'étaient pas impliqués dans le processus, ce qui pouvait entraîner des erreurs et des incohérences dans la classification des données.

L'ItaaS, en revanche, propose une approche plus humaine et collaborative pour la gouvernance, la formation et la gestion de la taxonomie. Les responsables métiers sont invités à participer activement à la création et à la maintenance de la taxonomie, en utilisant leur expertise et leur connaissance du domaine pour garantir l'exactitude et la pertinence de la classification des données.

L'ItaaS ne fournira que les ressources techniques nécessaires à la création et à la maintenance de la taxonomie, mais ne fera pas la taxonomie elle-même. Cela signifie que les experts métiers seront responsables de la

> *création et de la maintenance de la taxonomie, avec le soutien et les ressources de l'ItaaS pour les aider dans leur travail.*
>
> *En adoptant une approche plus humaine pour la gouvernance, la formation et la gestion de la taxonomie, l'ItaaS permettra aux organisations de bénéficier d'une taxonomie plus précise et plus pertinente, qui répond mieux aux besoins des utilisateurs finaux. En impliquant les responsables métiers dans le processus, l'ItaaS contribuera également à renforcer la collaboration entre les différentes équipes de l'organisation et à garantir que la taxonomie reflète les réalités du terrain.*

Quelles formations cela suppose pour mettre un plan ITaaS ?

La réponse de ChatGPT, pour la mise en place de l'Intelligent Taxonomy As a Service (ITaaS) suppose une formation approfondie des responsables métiers qui participeront à la création et à la gestion de la taxonomie. Voici un plan de formation possible pour les responsables métiers

La mise en place de l'Intelligent Taxonomy As a Service (ITaaS) suppose une formation approfondie des responsables métiers qui participeront à la création et à la gestion de la taxonomie. Voici un plan de formation possible pour les responsables métiers :

- Introduction à la taxonomie
  1. Comprendre les concepts de base de la taxonomie
  2. Comprendre l'importance de la taxonomie dans la gestion de contenu, la recherche d'informations et l'analyse de données
  3. Comprendre les différents types de taxonomies et leur utilisation dans les organisations

- Collecte et analyse des exigences

1. *Comprendre comment collecter et analyser les exigences en matière de classification des données auprès des utilisateurs finaux*
2. *Comprendre comment utiliser ces exigences pour concevoir une taxonomie précise et pertinente pour l'organisation*

- *Conception de la taxonomie*
  1. *Comprendre les différentes méthodes de conception de taxonomies, notamment l'approche ascendante et descendante*
  2. *Comprendre comment organiser et catégoriser les données en fonction des exigences des utilisateurs finaux*
  3. *Comprendre comment créer des termes et des concepts clairs, précis et cohérents dans la taxonomie*

- *Maintenance de la taxonomie*
  1. *Comprendre l'importance de la maintenance régulière de la taxonomie*
  2. *Comprendre comment surveiller et mettre à jour la taxonomie en fonction des changements dans l'organisation et les besoins des utilisateurs finaux*

- *Collaboration avec l'ItaaS*
  1. *Comprendre le rôle de l'ItaaS dans la fourniture de ressources techniques pour la création et la maintenance de la taxonomie*
  2. *Comprendre comment travailler avec l'ItaaS pour garantir l'exactitude et la pertinence de la taxonomie*
  3. *Utilisation de la taxonomie*

- *Comprendre comment utiliser la taxonomie pour la gestion de contenu, la recherche d'informations et l'analyse de données*

- *Comprendre comment communiquer efficacement la taxonomie aux utilisateurs finaux et les aider à l'utiliser correctement*

- *Comprendre comment évaluer l'efficacité de la taxonomie*

- *Comprendre comment surveiller les commentaires des utilisateurs finaux et les utiliser pour améliorer la taxonomie.*

Afin de mettre en place cette démarche de formations voici quelques arguments fournis par notre ami.

 **La réponse de ChatGPT et ses arguments**

Il y a plusieurs arguments forts pour justifier la mise en place d'un plan de formation pour l'Intelligente Taxonomy As a Service (ItaaS) et pour impliquer les responsables métiers dans le processus de gouvernance, de formation et de gestion de la taxonomie. Voici quelques-uns des avantages potentiels :

- *Amélioration de la qualité de la taxonomie : en impliquant les responsables métiers dans le processus, ils peuvent apporter leur expertise sur les différents domaines de l'entreprise. Cela permettra d'élaborer une taxonomie plus pertinente et plus précise, adaptée aux besoins de l'entreprise et de ses clients.*

- *Réduction des coûts de développement : la formation des responsables métiers peut permettre de réduire les coûts de développement en évitant les erreurs ou les incompréhensions liées à la complexité de la taxonomie.*

- *Augmentation de l'efficacité des processus : une taxonomie bien conçue peut améliorer l'efficacité des processus métiers en facilitant la recherche et l'analyse de l'information.*

- *Amélioration de la collaboration : en impliquant les responsables métiers dans le processus de gouvernance, de formation et de gestion de la taxonomie, cela peut favoriser la collaboration et la communication entre les différents départements de l'entreprise.*

- *Amélioration de la satisfaction client : une taxonomie bien conçue peut améliorer la satisfaction client en permettant une recherche et une analyse plus précises et plus rapides de l'information.*

> *En somme, la mise en place d'un plan de formation pour l'Intelligent Taxonomy As a Service peut offrir de nombreux avantages, notamment une amélioration de la qualité de la taxonomie, une réduction des coûts de développement, une augmentation de l'efficacité des processus, une amélioration de la collaboration et une amélioration de la satisfaction client.*

Plan de Folksonomie

Dans la continuité, Le terme "Plan de Folksonomie" n'est pas couramment utilisé dans le domaine de la taxonomie et de la classification de l'information. Cependant, nous pouvons donner des informations sur la folksonomie en général.

La folksonomie est un système de classification de l'information qui repose sur la contribution des utilisateurs finaux.

Contrairement aux systèmes de classification traditionnels qui sont créés par des experts, la folksonomie permet aux utilisateurs de créer et d'attribuer des tags (ou étiquettes) à des ressources telles que des pages web, des images, des vidéos, des articles, etc.

Ces tags sont généralement des mots-clés ou des phrases courtes qui décrivent le contenu ou les caractéristiques des ressources.

La principale caractéristique de la folksonomie est son aspect collaboratif et participatif. Les utilisateurs contribuent à la création des tags en fonction de leur compréhension et de leurs besoins individuels. Les tags les plus populaires ou les plus fréquemment utilisés deviennent souvent des références communes pour la classification de l'information.

La folksonomie est souvent utilisée sur les plateformes en ligne telles que les réseaux sociaux, les sites de partage de médias, les blogs, etc. Elle permet de trouver rapidement des ressources pertinentes en effectuant une recherche basée sur des tags spécifiques.

Cependant, la folksonomie peut également présenter des défis en termes de cohérence et de précision de la classification, car les tags sont créés de manière subjective et peuvent varier d'un utilisateur à l'autre.

En résumé, la folksonomie est un système de classification participatif basé sur les tags créés par les utilisateurs finaux.

Elle permet de trouver et d'organiser rapidement des ressources en ligne, mais peut présenter des défis en termes de cohérence et de précision.

Voici quelques exemples d'utilisation de l'intelligence artificielle (IA) dans le contexte de la folksonomie :

- Classification automatique des tags : L'IA peut être utilisée pour analyser les tags générés par les utilisateurs et les regrouper automatiquement en catégories ou en thèmes similaires. Cela permet de faciliter la recherche et la navigation dans les ressources.
- Recommandations personnalisées : En analysant les tags attribués par les utilisateurs à différentes ressources, l'IA peut générer des recommandations personnalisées en fonction des préférences et des intérêts de chaque utilisateur. Par exemple, sur une plateforme de streaming musical, l'IA peut suggérer des artistes ou des chansons similaires en se basant sur les tags associés aux morceaux préférés de l'utilisateur.
- Détection automatique des tags pertinents : L'IA peut être utilisée pour analyser le contenu d'une ressource (comme une image, un texte ou une vidéo) et générer automatiquement des tags pertinents. Par exemple, un algorithme d'apprentissage automatique peut être entraîné à reconnaître les objets présents dans une image et à générer des tags correspondants.
- Amélioration de la recherche basée sur les tags : L'IA peut être utilisée pour améliorer les algorithmes de recherche basés sur les tags. Par exemple, elle peut prendre en compte la popularité et la

pertinence des tags pour classer les résultats de recherche de manière plus précise et utile.
- Détection des tendances et des schémas émergents : En analysant les tags attribués aux ressources au fil du temps, l'IA peut détecter les tendances émergentes, les schémas de comportement et les groupes d'intérêts communs parmi les utilisateurs. Cela peut aider à identifier de nouvelles catégories de tags ou à fournir des informations sur les préférences des utilisateurs.

Ces exemples illustrent comment l'IA peut être utilisée pour améliorer la folksonomie en automatisant certaines tâches, en fournissant des recommandations personnalisées et en rendant la recherche d'informations plus efficace et pertinente.

L'index sémantique pour Copilot

Maintenant que nous avons détaillés le pourquoi de l'utilisation de la taxonomie et de son évolution, nous pouvons développer un peu plus sur « la construction de la connaissance en entreprise ». Cela se fait essentiellement à travers l'usage de la Sémantique et de ses technologies associées. L'usage de la sémantique dans le monde IT est un long et vaste sujet où plusieurs solutions et plateformes existent permettant d'offrir un usage qui a du sens à l'utilisateur. Sans une taxonomie initiale claire, l'usage de la Sémantique dans l'objectif de fournir des informations pertinentes aux utilisateurs finaux, ne sera pas précise et ne créera aucune valeur ajoutée.

C'est dans cet objectif que Microsoft a sorti un outil, une plateforme, « l'Index Sémantique pour Copilot » permettant d'agréger plusieurs sources de données dans le but de créer une base de la connaissance intelligente, qui se base sur la création de modèles relationnels cohérents, dépassant le stade d'un simple mot-clé, lors de recherches complexes ou de navigation sur la donnée recherchée.

L'outil offre une cartographie des données utilisateurs et d'entreprise et identifie les relations. Fonctionnant avec les systèmes Copilot et Microsoft Graph dans l'unique but de créer une cartographie sophistiquée de toutes les données et de tous les contenus d'une organisation, permettant à Microsoft 365 Copilot de fournir des réponses personnalisées, pertinentes et exploitables.[xxvii]

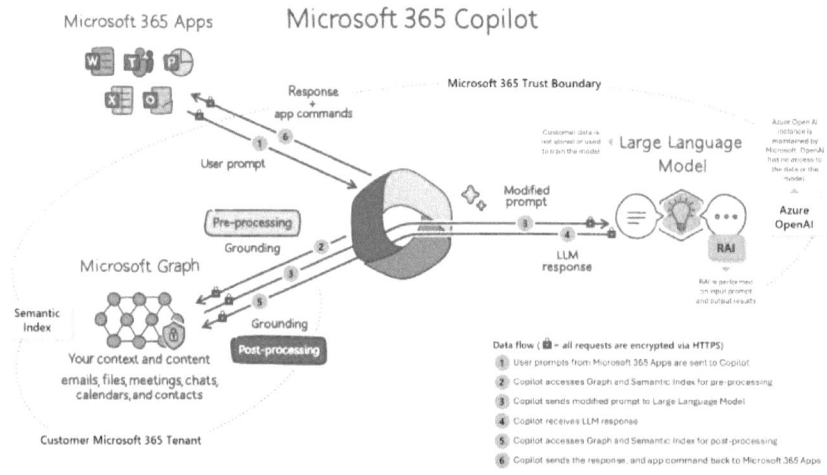

Figure 28 Utilisation schématique Copilot avec LLM et les écosystèmes

Voici ce que dit Microsoft[xxviii] :

« Aujourd'hui, nous sommes ravis d'annoncer le programme d'accès anticipé Microsoft 365 Copilot, un aperçu payant sur invitation uniquement qui sera déployé auprès d'une première vague de 600 clients dans le monde. Et, pour aider chaque client à se préparer à l'IA, nous commencerons également à déployer **Semantic Index pour Copilot** c'est une nouvelle fonctionnalité présente dans Microsoft 365 E3 et E5. »

Ainsi lorsque l'utilisateur posera des questions du type "Rapport sur les ventes de mars", l'outil est en mesure de comprendre que "les rapports de vente sont produits par l'utilisateur en question au sein de l'équipe financière et créés dans Excel". Et c'est cette compréhension conceptuelle et contextuelle qui sera utilisée afin de déterminer quel est le besoin recherché.

L'index sémantique pour Copilot est essentiel pour obtenir des réponses pertinentes et exploitables dans Microsoft 365 Copilot. De plus, il améliore les résultats de recherche d'entreprise pour les clients E3 et E5, qu'ils utilisent Copilot ou non. »[xxix]

La taxonomie va être un des point essentiels dans Copilot, d'ores et déjà nous avons un aperçu de ses performances, qui vont s'améliorer.

Semantic Index for Copilot: Explained by Microsoft - YouTube
https://www.youtube.com/watch?v=KtsVRCsdvoU

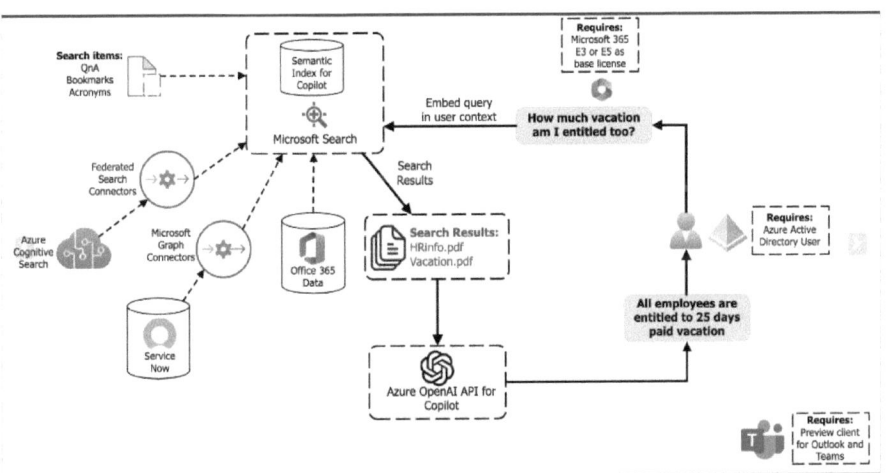

Figure 29 Interfaçage et recherche augmentée

L'index sémantique pour Copilot est une carte de vos données utilisateur et entreprise - identifiant les relations et établissant des connexions importantes. Il fonctionne avec le système Copilot et Microsoft Graph pour créer une carte sophistiquée de toutes les données et de tous les contenus de votre organisation, ce qui permet à Microsoft 365 Copilot de fournir des réponses personnalisées, pertinentes et exploitables.

3éme partie : La gouvernance de l'IA en mode RUN.

La gouvernance de l'intelligence artificielle (IA) en mode "RUN" fait référence à la manière dont les systèmes d'IA sont gérés, exploités et surveillés une fois qu'ils sont en production et qu'ils sont utilisés de manière continue. Cette phase de gestion est essentielle pour assurer la sécurité, la responsabilité et l'efficacité des systèmes d'IA en cours d'utilisation.

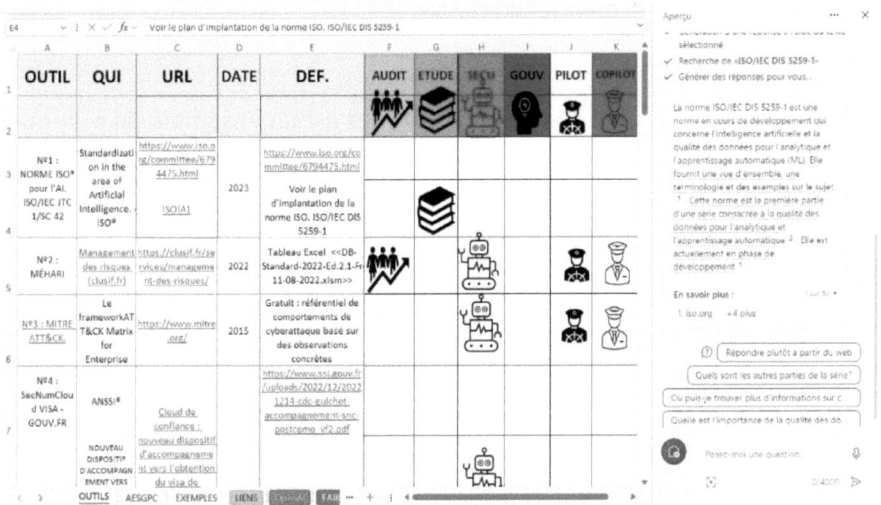

Figure 30 Copilot et Excel

Cette démarche vise à garantir que les systèmes d'IA fonctionnent de manière fiable, éthique, sûre et conforme aux réglementations tout au long de leur cycle de vie opérationnel. Elle nécessite une planification minutieuse, une surveillance constante et une adaptabilité pour faire face aux défis qui peuvent survenir lors de l'utilisation continue de l'IA.

8 - GESTION DES OPERATIONS ET IA.

QQOQCP de l'ITOM ?

IT Operations Management (Gestion des opérations informatiques) est un domaine qui se concentre sur la supervision et la gestion des opérations quotidiennes des systèmes informatiques au sein d'une organisation. Il comprend un large éventail de responsabilités telles que la surveillance des réseaux, la gestion des incidents, la gestion des changements, la planification des capacités, la gestion des problèmes, la sécurité des systèmes et bien plus encore.

La gestion des opérations informatiques est un ensemble de pratiques et de processus qui vise à superviser et à gérer efficacement les systèmes informatiques d'une organisation. Elle est réalisée par une équipe spécialisée et est essentielle pour assurer la continuité des opérations et la disponibilité des systèmes.

La raison principale de mettre en place une gestion des opérations informatiques efficace est d'assurer le bon fonctionnement et la disponibilité des systèmes informatiques d'une organisation. Cela permet de minimiser les temps d'arrêt, de résoudre rapidement les problèmes, d'optimiser les performances et d'améliorer la productivité globale.

La gestion des opérations informatiques est généralement réalisée par une équipe spécialisée au sein de l'organisation, souvent appelée équipe des opérations informatiques ou équipe des opérations et de la maintenance. Cette équipe est responsable de la surveillance continue des systèmes, de l'identification et de la résolution des problèmes, de la mise en œuvre des changements et des mises à jour, et de la coordination avec d'autres équipes techniques.

Lorsqu'il s'agit de mettre en place une gestion des opérations informatiques, cela dépend de la taille et de la complexité de l'organisation. Les grandes entreprises ont souvent des équipes dédiées à temps plein, tandis que les petites entreprises peuvent externaliser ces responsabilités à des fournisseurs de services informatiques ou adopter des solutions de gestion des opérations basées sur le cloud.

La gestion des opérations informatiques est un processus continu qui nécessite une surveillance et une gestion constantes. Les tâches liées à la gestion des opérations informatiques sont effectuées en temps réel, 24 heures sur 24 et 7 jours sur 7, afin de garantir la disponibilité et la stabilité des systèmes informatiques.

Nous donner des infos sur ITOM, réponse de ChatGPT.

L'ITOM (IT Operations Management) désigne la gestion des opérations informatiques au sein d'une organisation. Il englobe l'ensemble des processus et des outils utilisés pour superviser, contrôler et soutenir les infrastructures et les services informatiques.

Les principales fonctions de l'ITOM comprennent la surveillance, la gestion des événements, la gestion des incidents, la gestion des problèmes, la gestion des changements, l'automatisation des processus, la gestion de la configuration, la gestion des actifs et la gestion des performances.

La surveillance est une composante essentielle de l'ITOM. Elle consiste à collecter des données en temps réel sur les systèmes informatiques, les réseaux, les applications et les services, afin d'identifier les problèmes potentiels, les goulots d'étranglement et les tendances de performance. Cela permet aux équipes informatiques de prendre des mesures préventives et de résoudre les problèmes plus rapidement.

La gestion des événements consiste à traiter les alertes et les notifications générées par les systèmes de surveillance. Les événements peuvent être des erreurs, des pannes de service, des seuils de performance dépassés ou d'autres conditions anormales. L'objectif est de détecter, prioriser et résoudre rapidement les problèmes afin de minimiser l'impact sur les utilisateurs finaux.

La gestion des incidents implique la gestion du processus de résolution des incidents, depuis la création d'un ticket d'incident jusqu'à sa résolution. Cela comprend la communication avec les parties prenantes, la coordination des équipes de support et la documentation des actions prises pour résoudre l'incident.

La gestion des problèmes vise à identifier et à résoudre les causes profondes des incidents récurrents ou des problèmes systémiques. Elle implique l'analyse des données, la recherche de modèles, la collaboration entre les équipes et la mise en œuvre de correctifs permanents pour prévenir les incidents futurs.

La gestion des changements est responsable de l'évaluation, de l'approbation et de la mise en œuvre des modifications apportées aux infrastructures et aux services informatiques. Cela comprend la planification des changements, l'analyse des risques, la coordination des déploiements et la gestion des versions.

L'automatisation des processus consiste à automatiser les tâches et les workflows informatiques afin d'améliorer l'efficacité opérationnelle et de réduire les erreurs humaines. Cela peut inclure l'automatisation de déploiement, la configuration de systèmes, la gestion des sauvegardes, la provision de ressources, etc.

La gestion de la configuration vise à maintenir une base de données à jour des composants et des configurations de l'infrastructure informatique. Cela permet de suivre les modifications, de contrôler les versions, de résoudre les conflits et de garantir la conformité avec les normes et les politiques.

La gestion des actifs consiste à suivre et à gérer les actifs informatiques, tels que les matériels, les logiciels et les licences, tout au long de leur cycle de vie. Cela permet de maximiser l'utilisation des actifs, de réduire les coûts et de se conformer aux réglementations en matière de licence et de sécurité.

Enfin, la gestion des performances concerne le suivi, l'analyse et l'optimisation des performances des systèmes, des réseaux et des applications informatiques. Cela implique la collecte de données de performance, la génération de rapports, l'identification des goulots

> *d'étranglement et l'optimisation des ressources pour garantir des niveaux de performance appropriés.*
>
> *Dans l'ensemble, l'ITOM joue un rôle crucial dans la garantie du bon fonctionnement des infrastructures informatiques, la résolution efficace des problèmes et l'optimisation des performances pour répondre aux besoins de l'organisation.*

Les entreprises peuvent externaliser ces responsabilités du type ITOM à des fournisseurs de services informatiques ou adopter des solutions de gestion des opérations basées sur le cloud.

Dans le cas des entreprises qui ont des ressources limitées ou qui préfèrent se concentrer sur leur cœur de métier, il est courant d'externaliser les responsabilités de gestion des opérations informatiques à des fournisseurs de services informatiques spécialisés. Ces fournisseurs, également appelés prestataires de services gérés (Managed Service Providers, MSP), offrent des services de gestion des opérations informatiques en tant que service externalisé.

L'externalisation de la gestion des opérations informatiques permet aux petites entreprises de bénéficier de l'expertise et de l'expérience des prestataires de services informatiques, sans avoir à embaucher et à former leur propre équipe interne. Les prestataires de services gérés peuvent prendre en charge divers aspects de la gestion des opérations informatiques tels que la surveillance des systèmes, la résolution des incidents, la gestion des sauvegardes, la maintenance préventive, la sécurité des données, etc.

Une autre option pour les entreprises est d'adopter des solutions de gestion des opérations basées sur le cloud. Les solutions de gestion des opérations basées sur le cloud sont des logiciels et des outils hébergés sur des serveurs distants et accessibles via Internet. Elles offrent une gamme de fonctionnalités pour la surveillance, la gestion des incidents, la gestion des changements, la planification des capacités, la gestion des problèmes, etc.

En optant pour des solutions basées sur le cloud, les entreprises peuvent économiser sur les coûts d'infrastructure, de matériel et de maintenance, car elles n'ont pas besoin d'investir dans des serveurs locaux ou des logiciels coûteux. De plus, ces solutions sont souvent évolutives, ce qui signifie qu'elles peuvent être facilement adaptées à mesure que les besoins de l'entreprise évoluent.

Cependant, il convient de noter que l'externalisation ou l'adoption de solutions basées sur le cloud ne signifie pas que la responsabilité de la gestion des opérations informatiques est complètement transférée. L'entreprise reste responsable de la supervision et de la coordination générales, tandis que le fournisseur de services ou la solution basée sur le cloud agit en tant que partenaire pour aider à gérer les opérations informatiques de manière efficace et fiable. Ces options offrent des avantages tels que l'expertise spécialisée, la réduction des coûts et la flexibilité, tout en permettant à l'entreprise de se concentrer sur son cœur de métier.

 *Maintenant, nous faire sur l'ITOM une réponse d'expert*

L'ITOM (IT Operations Management) est un domaine essentiel de la gestion des opérations informatiques au sein des organisations. En tant qu'expert en ITOM, je peux vous fournir une perspective approfondie sur son importance et ses avantages.

L'ITOM permet aux entreprises de superviser, contrôler et optimiser leurs infrastructures et services informatiques de manière efficace. En ayant une vision globale de l'environnement informatique, les équipes IT peuvent anticiper les problèmes potentiels, résoudre rapidement les incidents et garantir des niveaux de service élevés pour les utilisateurs finaux.

La surveillance en temps réel des systèmes, des réseaux, des applications et des services est l'un des piliers de l'ITOM. Grâce à des outils de surveillance avancés, les équipes IT peuvent détecter les anomalies, les goulots d'étranglement et les tendances de performance, leur permettant de prendre des mesures préventives et d'optimiser les ressources.

L'ITOM favorise également une approche proactive dans la gestion des événements et des incidents. En centralisant la gestion des alertes et des notifications, les équipes IT peuvent prioriser et résoudre rapidement les problèmes, minimisant ainsi leur impact sur les utilisateurs finaux. Cela se traduit par une amélioration significative de la disponibilité des services et de la satisfaction des utilisateurs.

La gestion des problèmes est un autre aspect crucial de l'ITOM. En identifiant les causes profondes des incidents récurrents, les équipes IT peuvent mettre en place des solutions permanentes, éliminant ainsi les problèmes répétitifs et améliorant la stabilité globale du système.
L'automatisation des processus est un élément clé de l'ITOM. En automatisant les tâches répétitives et les workflows, les équipes IT peuvent réduire les erreurs humaines, accélérer les délais de livraison et améliorer l'efficacité opérationnelle. Cela permet aux professionnels de se concentrer sur des tâches à plus forte valeur ajoutée et d'optimiser l'utilisation des ressources.

L'ITOM intègre également la gestion de la configuration et des actifs, ce qui permet d'avoir une visibilité complète sur les composants et les configurations de l'infrastructure informatique. Cela facilite le suivi des modifications, la résolution des conflits, la conformité aux normes et la gestion efficace des actifs.

Enfin, la gestion des performances est essentielle pour garantir des niveaux de performance optimaux. L'ITOM permet de surveiller, d'analyser et d'optimiser les performances des systèmes, des réseaux et des applications, assurant ainsi une expérience utilisateur fluide et réactive.

En somme, l'ITOM offre une approche holistique et proactive pour gérer les opérations informatiques. En optimisant les performances, en réduisant les temps d'arrêt, en résolvant rapidement les problèmes et en automatisant les processus, les organisations peuvent améliorer leur productivité, leur efficacité et leur agilité, tout en offrant des services de haute qualité à leurs utilisateurs finaux.

Nous détailler cette partie l'ITOM qui offre une approche holistique et proactive pour gérer les opérations informatiques.

L'ITOM offre une approche holistique et proactive pour gérer les opérations informatiques. Cela signifie qu'il aborde la gestion des opérations informatiques de manière globale, en prenant en compte l'ensemble des éléments qui composent l'environnement informatique d'une organisation.

Voici quelques aspects clés de cette approche holistique :

1. Vue d'ensemble : L'ITOM permet d'avoir une vision d'ensemble de l'infrastructure informatique, en incluant les systèmes, les réseaux, les applications, les services et les actifs. Cette vision globale permet aux équipes IT de comprendre les interactions entre les différents éléments et d'identifier les impacts potentiels lorsqu'un changement ou un incident se produit. Au lieu de traiter les composants individuellement, l'ITOM favorise une approche intégrée et interconnectée.

2. Prévention et anticipation : L'approche proactive de l'ITOM vise à anticiper les problèmes potentiels et à prendre des mesures préventives. En surveillant en temps réel les métriques et les indicateurs clés de performance, les équipes IT peuvent détecter les anomalies ou les tendances négatives avant qu'elles ne se transforment en problèmes majeurs. Cela leur permet de mettre en place des mesures correctives avant même que les utilisateurs finaux ne soient impactés, minimisant ainsi les interruptions de service et les perturbations.

3. Automatisation des processus : L'ITOM encourage l'automatisation des processus informatiques pour améliorer l'efficacité et réduire les erreurs humaines. En identifiant les tâches répétitives et les workflows susceptibles d'être automatisés, les équipes IT peuvent libérer du temps et des ressources précieuses pour se concentrer sur des tâches à plus forte valeur ajoutée. L'automatisation des processus permet également de garantir la cohérence des opérations et de réduire les risques liés à des interventions manuelles.

4. Intégration des parties prenantes : L'ITOM favorise la collaboration et l'intégration des différentes parties prenantes au sein de l'organisation. Les équipes IT, les équipes opérationnelles, les fournisseurs et les utilisateurs finaux sont impliqués dans les processus d'ITOM, ce qui facilite la communication, la résolution des problèmes et l'alignement des objectifs. Une approche holistique implique de considérer les besoins et les perspectives de l'ensemble des parties prenantes, afin de prendre des décisions éclairées et d'optimiser les résultats.

5. Amélioration continue : L'ITOM adopte une approche d'amélioration continue pour optimiser constamment les opérations informatiques. Grâce à la collecte et à l'analyse de données, l'ITOM permet d'identifier les opportunités d'amélioration, de mettre en place des mesures correctives et de suivre les résultats obtenus. Cela permet d'optimiser les performances, d'adapter les processus aux évolutions technologiques et aux besoins changeants de l'organisation, et de répondre de manière proactive aux défis émergents.

En résumé, l'ITOM offre une approche holistique en considérant l'ensemble de l'environnement

Nous donner les cas d'usage de l'ITOM en entreprise ?

Bien sûr ! Voici quelques cas d'utilisation courants de l'ITOM en entreprise :

1. Surveillance de l'infrastructure : L'ITOM est utilisé pour surveiller en temps réel l'état de l'infrastructure informatique, y compris les serveurs, les réseaux, les bases de données, les applications, les périphériques, etc. Cela permet de détecter rapidement les problèmes potentiels et d'assurer la disponibilité des services.

2. Gestion des incidents et des problèmes : L'ITOM facilite la gestion des incidents et des problèmes en enregistrant, suivant et résolvant les incidents signalés par les utilisateurs ou détectés par le système de surveillance. Les processus ITIL (Information Technology Infrastructure Library) sont souvent utilisés pour gérer ces aspects.

3. Gestion des changements : L'ITOM aide à gérer les changements au sein de l'environnement informatique. Cela comprend l'évaluation de l'impact des changements proposés, la planification et l'exécution des changements, ainsi que la gestion des risques liés aux changements.

4. Gestion des configurations : L'ITOM aide à maintenir un registre complet des éléments de configuration (CI) de l'environnement informatique. Cela inclut des informations sur les actifs matériels et logiciels, les relations entre les composants, et facilite la gestion des versions.

5. Gestion de la capacité : L'ITOM surveille et analyse les performances du système pour optimiser l'utilisation des ressources et planifier l'expansion ou la réduction de la capacité en fonction des besoins.

6. Automatisation des tâches : L'ITOM permet d'automatiser des tâches répétitives et manuelles, ce qui réduit les erreurs humaines et améliore l'efficacité opérationnelle.

7. Gestion des services : L'ITOM facilite la gestion des services informatiques, y compris la prise en charge des accords de niveau de service (SLA), la gestion des demandes de service, la gestion des problèmes et la gestion des connaissances.

> *8. Sécurité informatique : L'ITOM joue un rôle essentiel dans la détection des menaces de sécurité, la gestion des vulnérabilités et l'application des politiques de sécurité.*
>
> *9. Analyse des données et reporting : L'ITOM collecte des données provenant de diverses sources et les utilise pour générer des rapports et des tableaux de bord pour permettre une prise de décision éclairée et une amélioration continue des services informatiques.*
>
> *Ces cas d'utilisation d'ITOM sont essentiels pour maintenir la stabilité, la performance et la sécurité des services informatiques dans les entreprises, en assurant une expérience utilisateur optimale et en réduisant les temps d'arrêt imprévus.*

Quid de l'AIOps et l'ITOM ?

Rappel du concept de l'AIOps, terme apparut assez récemment (Gartner 2017), AIOps est une approche qui intègre l'intelligence artificielle (IA) et l'apprentissage automatique dans les activités d'ITOM. Il utilise des algorithmes d'IA pour automatiser et améliorer les processus de gestion des opérations informatiques. L'IA permet de traiter et d'analyser de grandes quantités de données en temps réel, d'identifier les modèles, de détecter les anomalies et de prendre des mesures préventives. Comme l'on peut le constater, AIOps répond à des enjeux de l'ITOM rendant les deux concepts complémentaires. Différents cas d'usages peuvent être répondus tels que l'analyse des journaux et détection automatique d'anomalies, l'identification des tendances de performances et des goulots d'étranglement, la gestion intelligente des alertes pour éviter les fausses alarmes ou l'analyse prédictive pour prévenir les problèmes avant qu'ils ne surviennent.

Nous donner les cas d'usages complémentaire entre ITOM et AIOps

ITOM (IT Operations Management) et AIOps (Artificial Intelligence for IT Operations) sont complémentaires et peuvent être utilisés ensemble pour améliorer la gestion des opérations informatiques de manière significative.

Voici comment ils se complètent :

1. Automatisation intelligente : L'AIOps utilise l'intelligence artificielle et l'apprentissage automatique pour automatiser des tâches complexes et répétitives dans le cadre de la gestion des opérations informatiques. Cela permet aux équipes IT d'économiser du temps et des ressources en automatisant des processus tels que la détection d'incidents, l'analyse des journaux et des alertes, et la résolution de problèmes courants.

2. Détection et résolution proactive des problèmes : L'AIOps peut analyser de vastes quantités de données en temps réel, identifier des modèles et détecter des anomalies potentielles dans les environnements informatiques. Cela permet de repérer les problèmes avant qu'ils ne se transforment en incidents majeurs, permettant aux équipes IT de prendre des mesures préventives.

3. Optimisation des performances : L'intelligence artificielle appliquée à l'ITOM peut aider à optimiser les performances des infrastructures informatiques en identifiant les goulots d'étranglement, en suggérant des ajustements de configuration et en optimisant l'allocation des ressources.

4. Gestion des alertes : Les systèmes AIOps peuvent hiérarchiser et filtrer les alertes pour éviter les fausses alarmes et permettre aux équipes IT de se concentrer sur les problèmes réellement importants.

5. Analyse prédictive : L'AIOps utilise l'analyse prédictive pour anticiper les tendances de performances futures et les besoins en capacité, ce qui

> *permet de mieux planifier les ressources et d'éviter les problèmes potentiels.*
>
> *En combinant l'automatisation intelligente et les capacités d'analyse de l'intelligence artificielle avec les pratiques de gestion traditionnelles de l'ITOM, les équipes IT peuvent améliorer considérablement leur efficacité opérationnelle, réduire les temps d'arrêt, accroître la disponibilité des services et offrir une meilleure expérience aux utilisateurs finaux.*
>
> *Cependant, il est important de noter que la mise en œuvre réussie de l'AIOps peut nécessiter une préparation appropriée, une bonne gestion des données et un ajustement de la culture organisationnelle pour tirer pleinement parti des avantages de cette approche.*

ITSM et ITOM intrinsèquement liés

Il existe un dénominateur commun entre l'ITSM (Information Technology Service Management) et l'ITOM (IT Operations Management). C'est de gérer efficacement les services informatiques dans une organisation. Bien que chacun possède son propre champ d'actions, ils sont complémentaires et même intrinsèquement liés dans le but de garantir que les services informatiques sont fournis de manière cohérente, efficace et sécurisée. Cela peut se traduire de plusieurs façons, sur la gestion des services informatiques en soi-même, l'ITSM se concentrera davantage sur la conception, la fourniture, la gestion et l'amélioration des services, tandis que ITOM se concentrera sur les opérations quotidiennes et la gestion opérationnelle des services. Également sur l'utilisation de bonne pratiques, l'ITSM et l'ITOM s'appuient sur des « framework » ou référentiel dans le but d'optimiser leurs processus. Ainsi ITIL est utilisé comme référence pour L'ITSM et COBIT (Control Objectives for Information and Related Technologies) pour l'ITOM. Et enfin, dans un but collaboratif efficace entre les équipes ITSM et ITOM visant à s'assurer que les services sont bien conçus, bien gérés et bien opérationnels afin d'offrir une gestion complète et efficace des services informatiques.

Alors quelles sont les évolutions attendues ? L'ITSM et l'ITOM sont des concepts qui ont évolués au fil des années et face à l'explosion de l'adoption du Cloud, de l'IOT, du Big Data et de l'IA, ils reviennent sur le devant de la scène via un changement de paradigme majeure « supporter la croissance, dans tout son périmètre ».

 *Quelle évolution de l'ITSM dans le futur ?*

L'évolution future de l'ITSM (Information Technology Service Management) sera probablement influencée par plusieurs tendances technologiques et organisationnelles en constante évolution. Voici quelques-unes des tendances possibles qui pourraient façonner l'avenir de l'ITSM :

1. Automatisation et IA : L'automatisation et l'intelligence artificielle continueront de jouer un rôle essentiel dans l'ITSM. Les technologies d'automatisation permettront de gérer de manière plus efficace les processus ITSM, de réduire les délais de résolution des incidents et d'automatiser les tâches répétitives. L'IA sera utilisée pour améliorer l'analyse prédictive, la détection d'anomalies, et pour offrir une assistance intelligente aux utilisateurs finaux.

2. Intégration avec la gestion des services métier : L'ITSM se rapprochera davantage de la gestion des services métier, ce qui signifie une intégration plus étroite entre les processus ITSM et les processus métier. Cela permettra de mieux aligner les services informatiques sur les objectifs stratégiques de l'entreprise et de fournir une meilleure expérience utilisateur.

3. Service Experience Management (SEM) : L'accent sera mis sur la gestion de l'expérience utilisateur dans l'ITSM. Le Service Experience Management (SEM) permettra de surveiller, mesurer et améliorer en continu l'expérience des utilisateurs finaux avec les services informatiques, en se concentrant sur la satisfaction et la productivité des utilisateurs.

4. Développement Agile et DevOps : Les pratiques Agile et DevOps continueront de se répandre dans l'ITSM pour améliorer la collaboration entre les équipes de développement et d'exploitation. Cela permettra de fournir des services informatiques plus rapidement et de manière plus fiable, tout en favorisant l'innovation.

5. ITSM basé sur le Cloud : L'adoption croissante du Cloud Computing continuera à influencer l'ITSM. Les solutions basées sur le Cloud permettront une mise en œuvre plus rapide, une évolutivité améliorée et des coûts d'exploitation réduits pour les initiatives d'ITSM.

6. Intégration de la cybersécurité : L'ITSM sera de plus en plus étroitement lié à la cybersécurité, en tenant compte des exigences de sécurité tout au long du cycle de vie des services informatiques. La gestion des risques et la réponse aux incidents de sécurité seront intégrées aux processus d'ITSM.

7. Intégration de l'Internet des objets (IoT) : Avec l'essor de l'IoT, l'ITSM devra prendre en compte la gestion des objets connectés et des données générées par ceux-ci. Cela impliquera des défis liés à la collecte et à l'analyse de données massives provenant d'appareils intelligents.

8. Expérience en libre-service améliorée : Les organisations chercheront à améliorer l'expérience en libre-service pour les utilisateurs finaux, en leur offrant une interface conviviale et intuitive pour accéder aux services informatiques et résoudre les problèmes.

Il est important de noter que l'évolution de l'ITSM sera également influencée par les besoins changeants des entreprises, les avancées technologiques, les réglementations et les nouvelles exigences de l'environnement de travail. Les organisations devront s'adapter continuellement pour rester pertinentes et fournir des services informatiques de qualité.

Quelle évolution de l'ITOM dans le futur ?

L'avenir de l'ITOM (IT Operations Management) sera façonné par plusieurs tendances technologiques et évolution des pratiques opérationnelles. Voici quelques-unes des tendances clés qui pourraient définir l'avenir de l'ITOM :

1. Automatisation intelligente : L'automatisation continuera de jouer un rôle essentiel dans l'ITOM, avec une tendance vers une automatisation plus intelligente et contextuelle. Les systèmes d'ITOM utiliseront l'IA et l'apprentissage automatique pour automatiser des tâches complexes, détecter les anomalies, et prendre des décisions proactives pour résoudre les problèmes avant qu'ils ne deviennent critiques.

2. AIOps : L'intégration de l'Intelligence Artificielle (AI) dans l'ITOM deviendra plus répandue avec la montée en puissance de l'AIOps (Artificial Intelligence for IT Operations). L'AIOps permettra une analyse avancée des données opérationnelles, une corrélation intelligente des événements et une automatisation proactive pour améliorer la gestion des opérations informatiques.

3. Gestion basée sur le cloud : L'adoption du cloud computing continuera à influencer l'ITOM. Les outils et solutions d'ITOM basés sur le cloud offriront une plus grande flexibilité, une évolutivité améliorée et une meilleure gestion des environnements informatiques distribués.

4. IoT et Edge Computing : La prolifération de l'Internet des objets (IoT) et du Edge Computing introduira de nouveaux défis pour l'ITOM, notamment la gestion d'un grand nombre d'appareils connectés et la collecte et l'analyse de données en périphérie.

5. Gestion des services hybrides et multi-cloud : Avec l'adoption croissante des environnements hybrides et multi-cloud, l'ITOM devra être capable de surveiller et de gérer de manière transparente les ressources déployées à travers divers cloud providers et des infrastructures locales.

6. Sécurité intégrée : La sécurité informatique sera étroitement intégrée à l'ITOM, avec une attention particulière portée à la détection et à la réponse aux menaces en temps réel, ainsi qu'à la gestion des risques liés à la cybersécurité.

7. Gestion des conteneurs et des microservices : L'essor des architectures de conteneurs et de microservices demandera des outils d'ITOM spécifiques pour surveiller et gérer efficacement ces environnements dynamiques et évolutifs.

8. Amélioration de l'expérience utilisateur : L'ITOM se concentrera de plus en plus sur l'expérience utilisateur pour garantir que les utilisateurs finaux bénéficient de services informatiques fiables, performants et sécurisés.

En résumé, l'avenir de l'ITOM sera marqué par une évolution vers l'automatisation intelligente, l'intégration de l'IA, une gestion basée sur le cloud, et une prise en charge des nouvelles architectures informatiques émergentes. L'ITOM continuera de jouer un rôle essentiel dans la prestation de services informatiques efficaces et de haute qualité dans un environnement technologique en constante évolution.

9 – LES OUTILS ET LEURS USAGES, LES URL, LES TABLEAUX.

Nous avons ressenti le besoin d'avoir une « boite à outils » afin de pouvoir piloter afin de :

    a) développer et implémenter une solution d'IA.
    b) utiliser les API et créer ses propres modèles pour mettre de l'IA sur ses propres données.
    c) nous aider à déployer copilot ou toutes autres solutions d'IA.

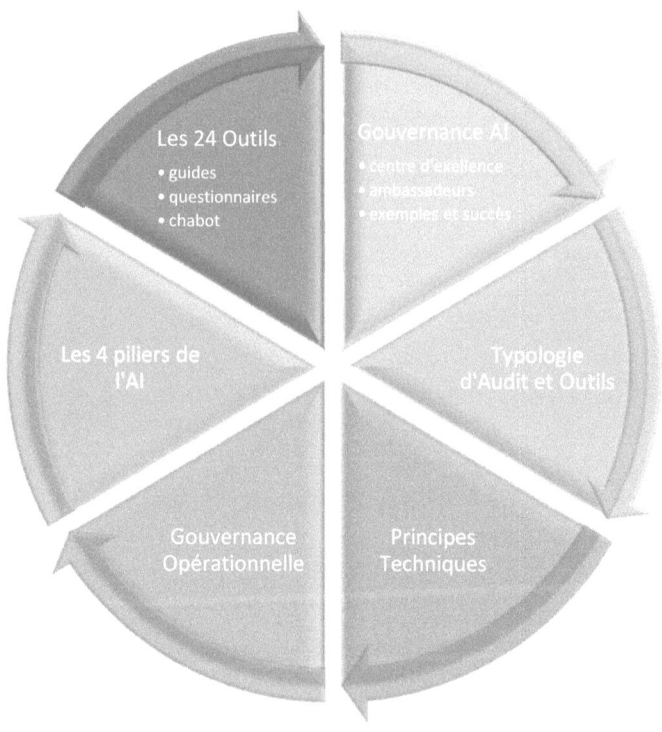

Figure 31 Gouvernance la roue.

Conseils pour l'intégration et l'utilisation responsable.

Microsoft souhaite vous aider à développer et à déployer des solutions qui utilisent la fonctionnalité de synthèse de manière responsable. Microsoft adopte une approche fondée sur des principes pour préserver l'agence et la dignité personnelles, en tenant compte des aspects suivants d'un système d'IA : équité, fiabilité et sécurité, confidentialité et sécurité, inclusivité, transparence et responsabilité humaine. Ces considérations reflètent notre engagement à développer une IA responsable.

Adoptez une approche basée sur des principes pour promouvoir l'utilisation responsable de l'IA. Pour utiliser de manière responsable les produits ou fonctionnalités alimentés par l'IA, il est conseillé de comprendre les capacités et les limites du système, de tester avec des données réelles et diverses, d'évaluer le système et de le communiquer aux parties prenantes. Il faudra inclure dans cette approche une veille technologique et un suivi de l'évolution des solutions OpenAI.

Il est important de considérer l'équité, la confidentialité et la sécurité, l'inclusivité, la transparence et la responsabilité humaine. Il est également recommandé de respecter le droit à la vie privée des individus, de solliciter des commentaires auprès des parties prenantes et de limiter la longueur, la structure, le débit et la source des entrées et des sorties.

Utilisez la boîte à outils Microsoft HAX. Cette boîte à outils recommande les meilleures pratiques sur la façon dont les systèmes d'IA doivent se comporter lors de l'interaction initiale, lors d'une interaction régulière, lorsqu'ils se trompent inévitablement et au fil du temps.

Suivez les directives de Microsoft pour un développement responsable des systèmes d'IA conversationnelle. Utilisez les instructions lorsque vous développez et déployez des modèles de langage qui alimentent des chatbots ou d'autres systèmes d'IA conversationnels.

Expliquez clairement ce que le système peut faire (Microsoft HAX Toolkit), https://www.microsoft.com/en-us/haxtoolkit/guideline/make-clear-what-the-system-can-do/

Processus global de gouvernance d'une implantation d'IA.

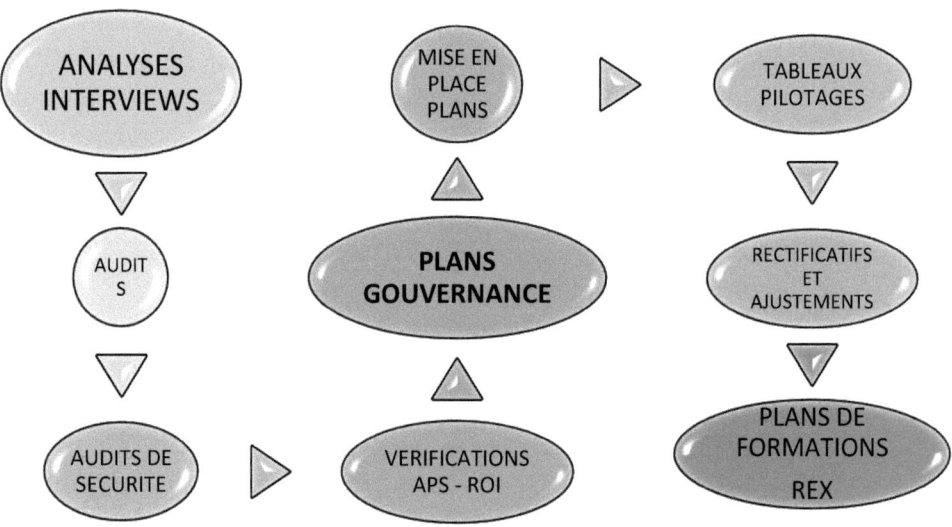

Figure 32 Déroulé d'une étude d'IA.

Ce processus sera repris dans le REX et dans le KIT de gouvernance. **Il y aura des guides et des méthodes**

Un préalable à tout ceci : le calcul du ROI et du REJ

Le simulateur de retour sur investissement (ROI) de gestion de contenu d'entreprise (ECM) est un outil basé sur l'infrastructure REJ (Rapid Economic Justification) de Microsoft qui utilise une approche de scénario (« what-if ») pour estimer les améliorations des processus, les avantages commerciaux, les coûts de mise en œuvre et l'impact financier que les entreprises peuvent subir en déployant les technologies Microsoft ECM.

La classification automatique du contenu grâce à l'intelligence artificielle (AI) à l'automatisation des workflows en passant par des fonctionnalités d'analytique avancée, les plateformes de services de contenu reprennent les bases de l'ECM et y associent la puissance du Cloud et du mobile, couplé à l'IA.[xxx]

Afin de mener un calcul du ROI il faut présenter dans le détail cette démarche à l'équipe et être claire sur les objectifs. Souvent un expert sera nécessaire.

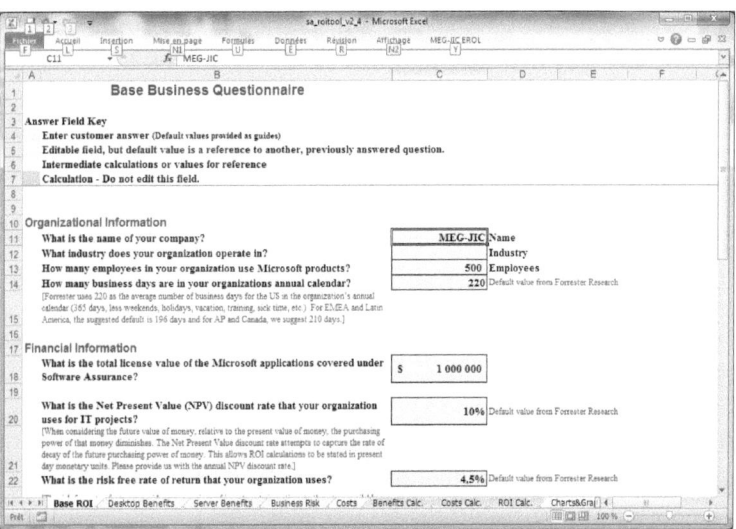

Figure 33 Exemple de calcul de ROI

Le calcul du retour sur investissement (ROI) pour une solution d'intelligence artificielle (IA) peut être un processus complexe mais crucial pour évaluer l'efficacité de votre projet. Voici les étapes générales pour calculer le ROI avec une solution d'IA, ainsi que quelques solutions et outils qui peuvent vous aider dans ce processus (Voir dans les notes de fin).

Étapes pour calculer le ROI avec une solution d'IA

1. **Définir les objectifs :** Identifiez clairement les objectifs commerciaux que vous souhaitez atteindre avec votre solution d'IA. Cela peut inclure des gains d'efficacité, des économies de coûts, une meilleure expérience client, etc.
2. **Collecte de données :** Rassemblez les données nécessaires pour mesurer l'impact de la solution d'IA. Cela peut inclure des données avant et après la mise en œuvre de la solution.
3. **Calcul des coûts :** Évaluez les coûts associés à la mise en place et au fonctionnement de la solution d'IA. Cela peut inclure les coûts de développement, les coûts d'infrastructure, les coûts de formation, etc.
4. **Mesure des bénéfices :** Mesurez les avantages concrets découlant de la solution d'IA. Cela pourrait être une augmentation des revenus, une réduction des erreurs, une diminution du temps de traitement, etc.
5. **Calcul du ROI :** Utilisez la formule du ROI pour obtenir un pourcentage représentant le rendement de votre investissement :

$$ROI = [(\text{Bénéfices nets} - \text{Coûts}) / \text{Coûts}] * 100$$

Les bénéfices nets sont les bénéfices totaux obtenus grâce à la solution d'IA, déduction faite des coûts associés.

Analyse qualitative : En plus du calcul du ROI, tenez compte des avantages qualitatifs tels que l'amélioration de la réputation de l'entreprise, la création de nouvelles opportunités commerciales, etc.

Solutions et outils pour calculer le ROI de l'IA

1. **Outils d'analyse de données :** Des plateformes telles que Microsoft Power BI, Tableau et Google Data Studio peuvent vous aider à agréger et à analyser les données nécessaires pour calculer le ROI.
2. **Solutions de suivi des performances :** Des outils comme Google Analytics ou des systèmes de suivi personnalisés peuvent être utilisés pour mesurer les performances avant et après la mise en place de la solution d'IA.
3. **Logiciels de gestion de projet :** Des outils comme Asana, Trello ou Jira et aussi Project peuvent vous aider à suivre les coûts et les avantages de votre projet d'IA.
4. **Outils de modélisation financière :** Des logiciels comme Microsoft Excel ou des solutions plus avancées de modélisation financière peuvent vous aider à effectuer des projections et des calculs financiers pour évaluer le ROI. Voir articles et exemples dans les notes en fin de ce livre[xxxi].
5. **Conseillers en IA et consultants financiers :** Travailler avec des experts en IA et des consultants financiers peut vous aider à élaborer des modèles de calcul du ROI plus précis et à interpréter les résultats de manière approfondie.

N'oubliez pas que le calcul du ROI de l'IA peut varier en fonction de la complexité du projet, de la nature de l'entreprise et des facteurs économiques. Il est important de suivre une approche méthodique et de tenir compte à la fois des aspects quantitatifs et qualitatifs pour obtenir une image complète de l'impact de votre solution d'IA sur votre entreprise.

En général, dans les entreprises, les projets innovants comme l'IA ont tendance à être moins soumis à des attentes strictes de retour sur investissement et de respect des délais. Cependant, de nombreuses applications de l'IA, notamment la compréhension du langage, sont suffisamment matures pour nécessiter des plannings serrés et des retours sur investissement rapides. Parfois, les projets d'IA sont lancés simplement par effet de mode pour paraître innovants, modernes et compétitifs.

Cependant, pour qu'un projet d'IA soit efficace, il doit être géré comme n'importe quel autre projet de l'entreprise. Il ne doit pas seulement être considéré comme relevant de l'informatique, mais comme un projet métier. Bien que les équipes informatiques soient impliquées dans la budgétisation, la sécurité et l'architecture, l'IA doit être intégrée dès le départ dans la stratégie métier.

L'importance de justifier les projets d'IA en fonction du retour sur investissement est soulignée. Mesurer le ROI d'une IA qui prétend tout faire est plus complexe que celui d'une application spécifique à un métier ou à des tâches précises, comme la compréhension du langage. Les gains de temps et d'efficacité peuvent être significatifs, mais le choix de la technologie d'IA influence les coûts et les contraintes liés à l'apprentissage et à l'infrastructure.

L'implication des équipes métier est cruciale pour le succès d'un projet d'IA. Le ROI ne peut être évalué de manière théorique ou moyenne, mais doit être mesuré auprès des utilisateurs eux-mêmes. Les équipes doivent être impliquées dès le début et rassurées quant à l'utilisation de l'IA, en tenant compte des détails et des défis spécifiques à leur domaine. L'accent sur la résolution des problèmes et une expérience utilisateur conviviale est essentiel pour que les équipes adoptent l'IA.

Finalement, les évolutions rapides de l'IA permettent une implémentation rapide, mais il est nécessaire de piloter le ROI et de considérer les retours des utilisateurs. Les ressources humaines peuvent également trouver des avantages dans ces projets d'IA bien gérés.

Le ROI (Return on Investment) est un indicateur largement utilisé pour évaluer les rendements d'investissements en prévision et en suivi. Cependant, il présente des **limites significatives**. Il offre une approche fragmentée qui ne capture pas les répercussions financières globales, en négligeant des aspects importants que le ROI ne peut anticiper. Bien qu'utile pour évaluer des décisions passées, le ROI perd de sa pertinence lorsqu'il s'agit d'évaluer des projets d'investissement futurs.

Le ROI ne tient pas compte des risques associés aux investissements ni des facteurs externes qui peuvent influencer les résultats, tels que la conjoncture économique, les crises, la satisfaction client et la concurrence. De plus, il est difficile de comparer des investissements avec des périodes d'amortissement différentes, car le ROI est basé sur une période fixe. Dans la pratique, il est parfois compliqué d'attribuer précisément les revenus et les bénéfices d'une entreprise à des investissements spécifiques.

Méthodes utiles

Chaque membre d'une équipe travaillant autour de la mise en place de tout projet doit avoir compris les objectifs pour remplir sa mission et accomplir les tâches pour lesquelles il a été recruté. Il est donc indispensable que chacun se sente reconnu dans l'exécution de sa mission à titre individuel pour que la cohérence se fasse d'elle-même tout au long de la conduite du projet. Établir un « Agenda » et prévoir des bilans réguliers afin de ne pas avoir d'arrières pensées permet d'avancer sereinement.

Les FEX (les Fiches d'exploitations) et le **KIT de Gouvernance** sont une partie des outils qui permettent aussi de mener à bien les actions ORDRE et FACES, ainsi que préparer le KIT de Gouvernance voir ci-après :

O.R.D.R.E

- Ôter l'inutile
- Ranger avec un plan de classement
- Dépoussiérer
- Rendre évident les règles
- Être rigoureux

F.A.C.E.S

- Formations
- Aides
- Coordinations
- Examens
- Suivis

Des solutions et des outils pour une gouvernance de l'IA par des experts. Tome 2.

Le Calcul du Niveaux de Service / T.I.

Le Niveau de Service est le Temps d'Activité Mensuel, avec son « Temps d'Indisponibilité – T.I. » qui désigne toute période au cours de laquelle les utilisateurs sont dans l'impossibilité de lire ou d'écrire toute ou partie d'une collection de sites AI pour laquelle ils disposent des autorisations appropriées.

Nous voyons que OpenAI publie régulièrement ses performances de ses 4 services : https://status.openai.com/ https://status.openai.com/uptime

OpenAI et ses 4 services : leurs fonctionnements sur :

https://www.ugaia.eu/2023/07/gouvernance-ai-openai-ses-4-services-et.html

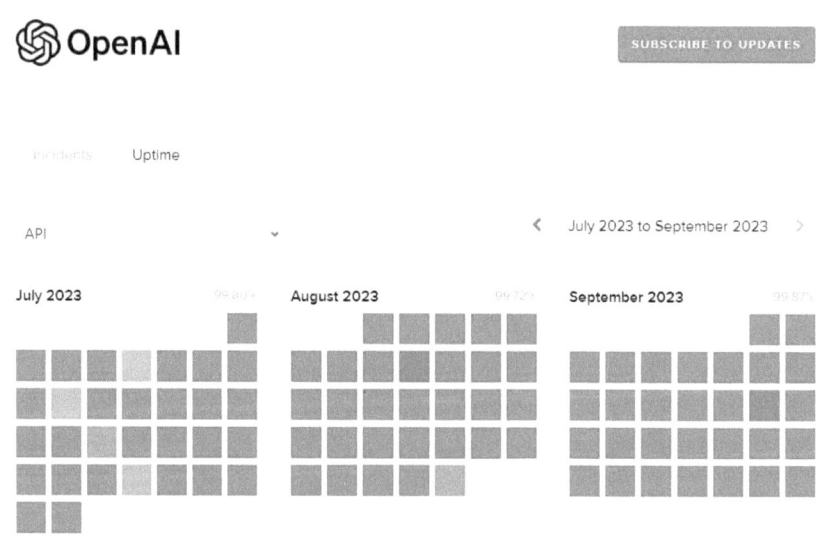

Figure 34 OpenAI et ses 4 services

Le Temps d'Indisponibilité n'inclut pas les périodes au cours desquelles le Service n'est pas disponible en raison :

1. D'un Temps d'Indisponibilité planifié ou d'une opération de maintenance ou de mise à niveau planifiée du réseau, du matériel ou du service ;
2. Des agissements ou des omissions du Client ou de ses employés, agents, prestataires ou fournisseurs, ou de toute personne ayant accès au réseau Microsoft au moyen des mots de passe ou de l'équipement du Client.
3. « Temps d'Indisponibilité Planifié » désigne les périodes de Temps d'Indisponibilité notifiées par Microsoft aux Clients au moins cinq (5) jours avant le début dudit Temps d'Indisponibilité.
4. Le Temps d'Indisponibilité Planifié inférieur à dix (10) heures par année calendaire n'est pas considéré comme un Temps d'Indisponibilité pour les besoins du présent SLA.

Le « Pourcentage de Temps de Disponibilité Mensuel » d'un Client spécifique est calculé en totalisant le nombre de minutes d'un mois calendaire et en multipliant ce chiffre par le nombre total d'utilisateurs titulaires d'une licence, moins le nombre total de minutes de Temps d'Indisponibilité subies par tous les utilisateurs au cours du mois calendaire.

Le chiffre obtenu est ensuite divisé par le nombre total de minutes dans ce mois calendaire, multiplié par le nombre total d'utilisateurs.

La formule suivante illustre ce calcul

$$\frac{(\text{Nombre total de minutes d'un mois} \times \text{Nombre total d'utilisateurs}) - \text{Nombre total de minutes de Temps Mort de ce mois subies par tous les utilisateurs}}{\text{Nombre total de minutes d'un mois} \times \text{Nombre total d'utilisateurs}}$$

Niveaux de Service de Temps de Disponibilité

Pourcentage de Temps de Disponibilité Mensuel	Avoir Service
< 99.9%	25%
< 99%	50%
< 95%	100%

Figure 35 Tableau Pourcentage de Temps de Disponibilité Mensuel

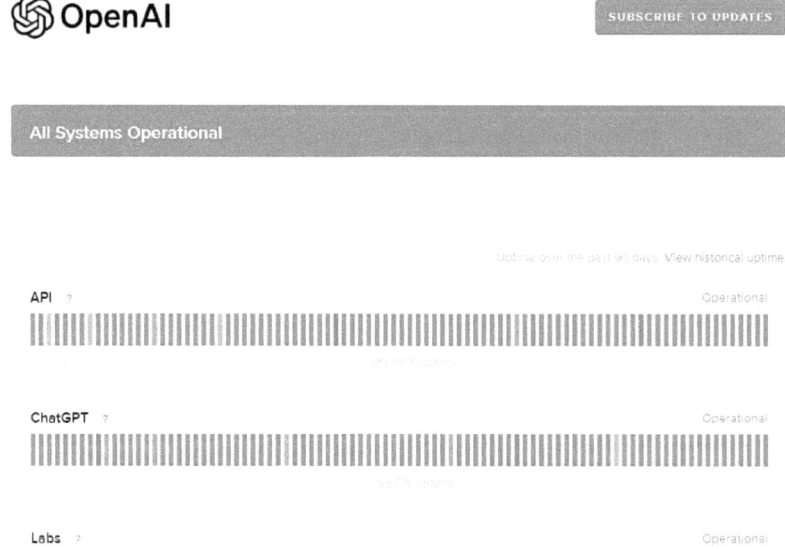

Figure 36 Les 4 services OpenAI

Code couleurs : Le tableau des outils de A-E-S-G-P-C.

Nous avons trié les outils en plusieurs familles : audit – étude – sécurité -gouvernance – pilote – copilot. C'est ainsi que nous avons présenté ces outils et fait des sélections parmi eux pour chacun des cas rencontrés.

Tableau des outils pour la gouvernance de l'Intelligence Artificielle (classement AESGPC)

https://www.slideshare.net/PierreErolGiraudy/tableau-des-outils-pour-ai-aesgpc

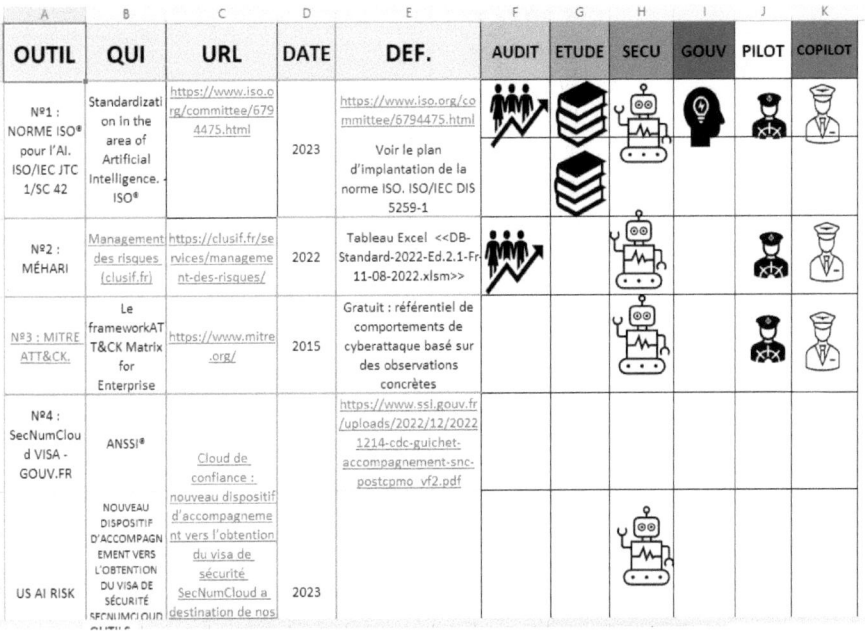

Figure 37 Tableau des outils de A-E-S-G-P-C.

La liste des outils :

Comme le livre est édité au format papier et ePUB nous avons laissé les liens afin que le lecteur de la version électronique puisse se rendre sur les sites.

OUTILS	QUI	URL
N°1 : NORME ISO® pour l'AI. ISO/IEC JTC 1/SC 42	Standardization in the area of Artificial Intelligence. - ISO®	https://www.iso.org/committee/6794475.html
N°2 : MÉHARI	Management des risques (clusif.fr)	https://clusif.fr/services/management-des-risques/
N°3 : MITRE ATT&CK.	Le framework ATT&CK Matrix for Enterprise MITTRE	https://www.mitre.org/ https://gouver2020.blogspot.com/2023/10/mitre-et-ses-solutions-outils-tel-que.html
N°4 : SecNumCloud VISA - GOUV.FR	ANSSI® VISA DE SÉCURITÉ SECNUMCLOUD A DESTINATION DES STARTUPS ET PME.	https://www.ssi.gouv.fr/actualite/cloud-de-confiance-nouveau-dispositif-daccompagnement-vers-lobtention-du-visa-de-securite-secnumcloud-a-destination-de-nos-startups-et-pme/

Des solutions et des outils pour une gouvernance de l'IA par des experts. Tome 2.

N°5 : AUDIT de GOUVERNANCE AI	UGAIA® User Group Artificial Intelligence Andorra	www.ugaia.eu
N°6 : ISACA-AFAI	Outil d'évaluation de la maturité de la Gouvernance du SI	https://www.isaca.org/
N°7 : HAX Human-AI eXperience	MICROSOFT®	https://blogs.microsoft.com/ai-for-business/hax-toolkit/
N°8 : Catalogue of AI Tools & Metrics	OECD	https://oecd.ai/en/catalogue/tools/trustible-ai-governance-platform
N°9 : GRACE Governance, Risk & Compliance.	GRACE platform. 2021.AI : Governance.	https://2021.ai/ai-trust/ GRACE Governance for Large Language Models (LLMs)
N°10 : GitHub Tools Box	MICROSOFT® Tools	https://github.com/microsoft https://github.com/microsoft/teams-ai
N°11 : Outils et modèles Cloud	MICROSOFT®	https://learn.microsoft.com/fr-fr/azure/cloud-adoption-framework/resources/tools-templates

Des solutions et des outils pour une gouvernance de l'IA par des experts. Tome 2.

Nº12 : OPENAI	OPENAI Tableau e bord des services	https://www.ugaia.eu/2023/07/gouvernance-ai-openai-ses-4-services-et.html
Nº13 : Boîte à outils - Responsable AI Toolbox	MICROSOFT®	https://learn.microsoft.com/fr-fr/azure/cloud-adoption-framework/innovate/best-practices/trusted-ai
Nº14 : RACI	MICROSOFT®	https://learn.microsoft.com/fr-fr/azure/cloud-adoption-framework/organize/raci-alignment
Nº15 : SYNTEX	Microsoft	https://www.microsoft.com/en-us/microsoft-syntex?rtc=1
Nº16 : COPILOT	Microsoft	Voir le Kit de ressources et Microsoft Graph https://github.com/users/peg500and/projects/1
Nº17 : AI Fairness Checklist	AI Fairness Checklis	Améliorer l'équité des systèmes d'IA https://fairlearn.org/
Nº: 18 Responsable AI Tools + KIT.	GitHub	https://github.com/microsoft/responsible-ai-toolbox https://github.com/users/peg500and/projects/1
Nº : 19 solutions de Gouvernance et Taxonomie	MICROSOFT	https://learn.microsoft.com/en-us/microsoft-365/syntex/taxonomy-tagging-overview

N°20 PIA-CNIL	CNIL RGPD	https://www.cnil.fr/fr/outil-pia-telechargez-et-installez-le-logiciel-de-la-cnil
N°21 : BING	MICROSOFT	https://learn.microsoft.com/en-us/bing-chat-enterprise/manage Indexation de sa documentation
N°22 : POWER AUTOMATE	MICROSOFT	https://learn.microsoft.com/fr-fr/training/powerplatform/ Automatisation
N°23 : AZURE PORTAL	MICROSOFT	https://portal.azure.com/#allservices Bac à sable (Sandbox) et tests
N°24 : KIT DE GOUV	UGAIA	https://github.com/users/peg500and/projects/1 Une sélection des outils et des guides + questionnaires + chabot.
N°25 REX	UGAIA	Retours d'expériences

Figure 38 Tableau des outils

Vous pouvez vous demander à ce stade de votre lecture le pourquoi de tous ces liens dans ce livre papier ?

Il faut savoir qu'il sera aussi édité au format eBook avec des Hyperliens qui eux pourront fonctionner sur une tablette ou et un ordinateur.

Tableau de bord ou/et de pilotage (TDBAI)

Le TDBAI va être le cœur du système de gouvernance du projet d'implantation de l'IA au sein de l'entreprise, avec l'avantage d'offrir un point de partage unique aux dirigeants, experts, et autres services (DG, DSI, RSSI, RH...). Tout en fournissant un haut niveau de sécurité et de fiabilité.

 *Me donner un exemple de tableau de bord de gouvernance pour l'intelligence artificielle (IA)*

Voici un exemple de tableau de bord de gouvernance pour l'intelligence artificielle (IA) avec des informations pertinentes pour un expert :

1. *Indicateurs clés de performance (KPI) de l'IA :*
   - *Taux de précision : pourcentage de prédictions ou de décisions correctes réalisées par l'IA.*
   - *Temps de réponse : délai entre la demande et la réponse générée par l'IA.*
   - *Utilisation du modèle : mesure de la fréquence à laquelle le modèle d'IA est utilisé dans les opérations.*
   - *Performance comparative : comparaison des performances de l'IA par rapport à d'autres systèmes ou méthodes existantes.*
2. *Évaluation de l'éthique et de la responsabilité :*
   - *Biais algorithmique : mesure et réduction des biais potentiels dans les décisions de l'IA.*
   - *Transparence : mesure de la capacité à expliquer les décisions prises par l'IA.*
   - *Confidentialité des données : évaluation des mesures de sécurité et de confidentialité pour protéger les données utilisées par l'IA.*
   - *Responsabilité : identification et attribution des responsabilités en cas d'erreurs ou de conséquences néfastes de l'IA.*
3. *Performances opérationnelles :*
   - *Temps de disponibilité : mesure du temps pendant lequel l'IA est opérationnelle et prête à répondre aux demandes.*

- *Erreurs de prédiction : suivi et réduction des erreurs commises par l'IA dans ses prédictions ou ses décisions.*
- *Réactivité : mesure de la capacité de l'IA à s'adapter rapidement aux changements de conditions ou de besoins.*
- *Coûts : évaluation des coûts liés à l'entraînement, à l'exploitation et à la maintenance de l'IA.*

4. *Suivi de la conformité :*
   - *Respect des réglementations : vérification de la conformité de l'IA aux lois et réglementations en vigueur.*
   - *Standards éthiques : évaluation de la conformité aux codes de conduite et aux normes éthiques établies.*
   - *Consentement des utilisateurs : suivi de la collecte et de l'utilisation des données des utilisateurs conformément aux politiques de confidentialité.*

5. *Ressources et compétences :*
   - *Formation et développement : évaluation des programmes de formation et de développement des compétences liés à l'IA.*
   - *Disponibilité des ressources : suivi de la disponibilité et de l'utilisation des ressources nécessaires à l'IA, telles que les serveurs, les données, etc.*
   - *Collaboration interdisciplinaire : mesure de la collaboration entre les équipes techniques, juridiques, éthiques et commerciales.*

Ce tableau de bord de gouvernance pour l'IA (TDB-IA) permettrait à un expert de surveiller et d'évaluer les performances, l'éthique, la conformité et les ressources liées à l'IA, afin de prendre des décisions éclairées et d'améliorer continuellement les systèmes d'IA.

Figure 39 Tableau de bord IA

10 - LES OUTILS DE GOUVERNANCES ET DE PILOTAGES.

Extrait du tableau des 20/24 outils et une norme ISO ainsi que des guides et formations. L'agrégation des outils sélectionnés donnera lieux à un Kit de Gouvernance avec des guides et une sélection des outils et des questionnaires avec un chabot.

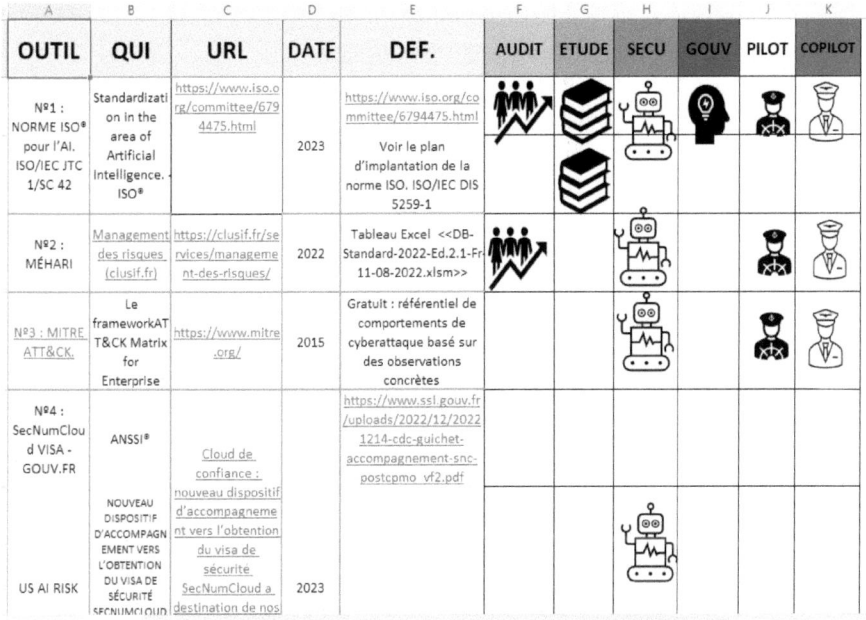

Figure 40 Tableau AESGPC.

Nous avons ressenti le besoin d'avoir une « boite à outils » afin de pouvoir piloter des projets d'IA :

    a) développer et implémenter une solution d'IA.
    b) utiliser les API et créer ses propres modèles pour mettre de l'IA sur ses propres données.
    c) nous aider à déployer copilot ou toutes autres solutions d'IA.

Vous pouvez voir dans GitHub KIT GOV-1 · @peg500and's KIT-Gov-Book (github.com).

Des solutions et des outils pour une gouvernance de l'IA par des experts. Tome 2.

https://github.com/users/peg500and/projects/1

La base de nos recherches d'outils et projets idem pour Copilot View COPILOT · @peg500and's COPILOT-FR (github.com) qui lui va se simplifier rapidement.

https://github.com/users/peg500and/projects/2

Il y aura aussi OpenAI avec GPT4 Entreprise

https://github.com/users/peg500and/projects/4

Your projects (github.com)

https://github.com/peg500and?tab=projects

La liste des outils :

Se référer au « tableau des outils » du chapitre précédent (chapitre n°9) incluant les liens (URL) des dits outils.

1 - NORMES - ISO® Normalisation dans le domaine de l'IA.

ISO/IEC JTC 1/SC 42 - Intelligence artificielle[xxxii] les autres normes si nécessaire telle la norme ISO 20000. (Procédure de mise en place, voir le lien vers les notes de fin [xxxiii]).

2 - MÉHARI Management des risques (clusif.fr)

MÉHARI, qui signifie "Méthode Harmonisée d'Analyse de Risques" en français, c'est une méthode de gestion des risques développée en France. Elle a été créée par le Club de la sécurité de l'information français (CLUSIF) et vise principalement à évaluer et à gérer les risques liés à la sécurité de l'information dans les systèmes d'information des organisations.

3 - Le framework MITRE ATT&CK- Matrix for Enterprise

C'est un référentiel de comportements de cyberattaque basé sur des observations concrètes de comportements adverses, classés par tactiques et techniques. Le cadre MITRE ATT&CK[xxxiv] est accessible gratuitement au public depuis 2015. Aujourd'hui, les équipes de sécurité de tous les secteurs l'utilisent pour protéger leur entreprise contre les menaces connues et émergentes. https://gouver2020.blogspot.com/2023/10/mitre-et-ses-solutions-outils-tel-que.html

4 - SecNumCloud VISA - GOUV.FR – 4 Modules 11/2023.

M1 : Audit initial sur l'ensemble du spectre de SecNumCloud pour évaluer les écarts et mesurer le niveau cyber. -M2 : Formule "transformation" s'appuyant sur le guide d'hygiène comprenant des actions concrètes à implémenter et permettant de préparer la démarche de qualification - M3 : Formule " conformité " en sortie de la formule transformation ou pour les acteurs matures. Elle accompagne la mise en conformité vis-à-vis des exigences du référentiel - M4 : Aide à la qualification.

5 -AUDIT de GOUVERNANCE IA.

www.ugaia.eu **User Group Artificial Intelligence Andorra. Voir le** 2023 Tableau Excel et Questionnaire. (Ce sera ajouté au **KIT de Gouvernance**, en fait c'est un livrable = outils + guides + formations + modèles + grilles). Voir KIT GOV-1 · @peg500and's KIT-Gov-Book (github.com)

6 - (ISACA) OUTILS D'EVALUATION DE LA MATURITE DE LA GOUVERNANCE DU SYSTÈME D'INFORMATION

Le tableau de bord ISACA est un outil développé par l'ISACA-AFAI dans le cadre du groupe de travail sur l'évaluation de la maturité de la gouvernance du système d'information (SI). Cet outil est réalisé dans le but d'évaluer la façon dont une entreprise pilote son SI en se basant sur les critères du guide d'audit GAGSI.

7 -HAX Human-AI eXperience de MICROSOFT® (Human-AI eXperience).

C'est une nouvelle « boîte à outils » visant à aider les équipes à créer des expériences d'IA humaines responsables et á les accompagner dans leurs démarches.

8- Catalogue of AI Tools & Metrics de OECD

Catalogue des outils et mesures de l'IA - OCDE. Outils AI 2023 pour une IA digne de confiance - OCDE. .AI

9 -GRACE : Governance, Risk & Compliance :

La gouvernance, le risque et la conformité (GRC) pour l'IA sont des domaines importants pour assurer une utilisation sûre, fiable et éthique de l'intelligence artificielle (IA).

10 - GitHub Responsible AI Toolbox

C'est une suite d'outils qui comprend des interfaces utilisateur et des bibliothèques permettant d'explorer et d'évaluer les modèles et les données des systèmes d'IA.

Le Dashboard Responsible AI de Microsoft

Illustration des principaux outils disponibles dans la boîte à outils de l'IA responsable. C'est un cadre open source pour aider les ingénieurs à créer des produits fiables. Elle intègre des idées de plusieurs outils open source dans le domaine de l'analyse des erreurs, de l'interprétabilité, de l'équité, de l'analyse contrefactuelle et de la prise de décision causale.

11 – Cloud Adoption Framework

Framework d'adoption du cloud Microsoft pour Azure Aide et bonnes pratiques éprouvées qui vous aident à adopter le cloud en toute confiance et à obtenir des résultats professionnels.

12 – OPENAI tableau de bord de ses services

Users Group Artificial Intelligence d'Andorra (U.G.A.I.A.) : GOUVERNANCE - AI : OpenAI ses 4 services et son tableau de bord.

L'API OpenAI peut être appliquée à pratiquement toutes les tâches nécessitant la compréhension ou la génération de langage naturel et de code. L'API OpenAI peut également être utilisée pour générer et éditer des images ou convertir la parole en texte. Nous proposons une gamme de modèles avec différentes capacités et niveaux de prix, ainsi que la possibilité d'affiner des modèles personnalisés. Voir aussi l'API[xxxv] de OpenAI : https://platform.openai.com/

OpenAI et ses 4 services : leurs fonctionnements sur :

OpenAI Status : https://status.openai.com/

https://www.ugaia.eu/2023/07/gouvernance-ai-openai-ses-4-services-et.html

13 - Boîte à outils de l'IA responsable 6 principes de MS

Le Dashboard Responsable AI de Microsoft (élément du Kit de Gouvernance). **Présentation du modèle de gouvernance Microsoft - AETHER + Bureau de l'IA responsable - Training**

https://learn.microsoft.com/fr-fr/training/modules/microsoft-responsible-ai-practices/3-microsoft-governance-model

14 - Le **RACI** et des explications afin de déterminer le QQOQC.

Responsible, Accountable, Consulted, Informed (RACI)[xxxvi]. Pour une gestion de projet IA optimisée avec sa matrice RACILa matrice RACI c'est un outil précieux pour la gestion de projet IA qui permet de clarifier les responsabilités et les relations entre les différents membres de l'équipe et les prestataires externes.

15 - Microsoft Syntex afin d'automatiser le TDB-IA.

Content AI. Microsoft Syntex est une solution **Content AI** qui lit, balise et indexe automatiquement le contenu et le connecte là où il est nécessaire - dans la recherche, dans les applications et en tant que connaissances réutilisables. Voir le Microsoft Content AI Partner Program (CAPP).[xxxvii]

Microsoft Syntex adds taxonomy and image tagging, OCR, content query, annotations, and more - Microsoft Community Hub :

https://techcommunity.microsoft.com/t5/microsoft-syntex-blog/microsoft-syntex-adds-taxonomy-and-image-tagging-ocr-content/ba-p/3951811

16 - COPILOT X. – Microsoft Fabric

Microsoft a récemment lancé Microsoft 365 Copilot, une des solutions qui utilise l'IA pour améliorer la productivité en combinant de grands modèles de langage avec les données dans Microsoft Graph et des applications, tels Microsoft 365.

SEPT. 2023 - Copilot est une nouvelle fonctionnalité de Windows 11 qui vous permet de discuter avec un assistant AI sur votre bureau. Vous pouvez poser diverses questions et demandes à Copilot, telles que la rédaction d'histoires, la création d'images ou la modification des paramètres système. Copilot utilise Bing Chat et des plugins tiers pour vous fournir des réponses intelligentes et attrayantes. Vous pouvez accéder à Copilot en cliquant sur l'icône dans la barre des tâches ou en utilisant le raccourci clavier « Touche Windows C ». Vous pouvez également modifier le style de conversation de Copilot en Créatif, Équilibré ou Précis. Copilot est actuellement en préversion et n'est disponible que pour certains utilisateurs.

https://www.ugaia.eu/2023/09/bing-microsoft-search-et-copilot.html

La différence entre Microsoft Copilot et Microsoft 365 Copilot :

https://www.youtube.com/watch?v=5B1cFNBwZgQ

17 - AI Fairness Checklist COPILS PlayBook in Machine Learning

Fairlearn est un projet open source mené par la communauté pour aider les data scientists à améliorer l'équité des systèmes d'IA. La **Boîte à outils d'IA responsable**

C'est un framework open source pour aider les ingénieurs à créer des produits fiables. La boîte à outils intègre des idées de plusieurs outils open source dans le domaine de l'analyse des erreurs, de l'interprétabilité, de l'équité, de l'analyse contrefactuelle et de la prise de décision causale.

18 – GitHub Boîte à outils pour une IA responsable

L'IA responsable est une approche d'évaluation, avec La boîte à outils, c'est une suite d'outils offrant une collection d'interfaces utilisateur et de bibliothèques d'exploration et d'évaluation de modèles et de données, qui permettent une meilleure compréhension des systèmes d'IA. (Ce sera certainement à ajouter au **KIT de Gouvernance**, c'est un livrable = outils + guides + formations + modèles + grilles).

19 - Les solutions Microsoft 2023

En attente d'un outil de Gouvernance (taxonomie). Voir la vue d'ensemble du Kit de ressources Microsoft Graph[xxxviii] plus un plan de gouvernance de Copilot et R2 Copilot, dans GitHub.
https://www.youtube.com/watch?v=5B1cFNBwZgQ

20 - Outil PIA :

Le logiciel open source PIA facilite la conduite et la formalisation d'analyses d'impact relatives à la protection des données (AIPD) telles que prévues par le RGPD. Source la CNIL.

21 - BING ENTREPRISE[xxxix]

Bing Chat Enterprise est activé par défaut pour les clients titulaires d'une licence pour Microsoft 365 E5, E3, Business Premium et Business Standard à la mi-août 2023. Voir Recherche - Mon profil (bing.com)

Voir notre doc Word ; Bing Chat Enterprise, tarification Microsoft 365 Copilot et Microsoft Sales Copilot [xl].

22 - POWER AUTOMATE[xli]

Afin de collaborer en analysant des données, en créant des applications, en automatisant des processus et en créant des agents virtuels. Microsoft annonce un aperçu des nouvelles fonctionnalités Copilot dans Power Automate Process Mining.[xlii]

23 - AZURE PORTAL

Développée par Microsoft, Azure Machine Learning est une plateforme de machine learning intégrée en mode cloud. Elle s'inscrit dans l'offre cloud Azure AI de Microsoft. Elle offre plusieurs avantages, notamment la productivité grâce à des outils de collaboration, le développement rapide de modèles, la simplification des opérations liées au machine learning (MLOps), la gouvernance et la sécurité intégrées, et la conception responsable de modèles explicables.

24 - KIT de gouvernance

Méthodes d'usage du KIT à développer si nécessaire et des guides. Kit graphe
https://github.com/users/peg500and/projects/1

25 - REX : Retours d'expériences d'IA.

Le projet REX CHATBOTS AI : cela a été une aventure passionnante de 2019 à 2023, visant à explorer les possibilités et les limites de l'intelligence artificielle (IA), dans un cadre prédéfini.

L'équipe a utilisé des outils tels que OneNote et OneDrive pour faciliter les échanges d'informations et le travail collaboratif. Ils ont réalisé des analyses approfondies avec des présentations Power Point, et ont organisé des réunions, enquêtes, et audits pour établir des objectifs et des plannings.

Une architecture AI a été conçue, testée et mise en production avec des projets d'évolution.

Pour rassurer les acteurs concernés par l'IA, l'équipe a présenté des outils, des méthodes et des « retours d'expériences et cas d'usages ».

Des questionnaires ont été développés en plusieurs étapes pour consolider la confiance dans l'IA. Le code et les projets ont été centralisés sur GitHub, et un tableau de bord sur Teams a été mis en place pour suivre les KPI et la sécurité.

L'équipe a également rejoint le Club UGAIA afin de rester informée sur les avancées technologiques en la matière. Des solutions tierces et des architectures IA avec accès via Smartphone et WhatsApp ont été explorées et implémentées.

Finalement, le projet a livré des résultats tout au long de son parcours, montrant le progrès réalisé et la valeur de leur travail (Calcul du ROI).

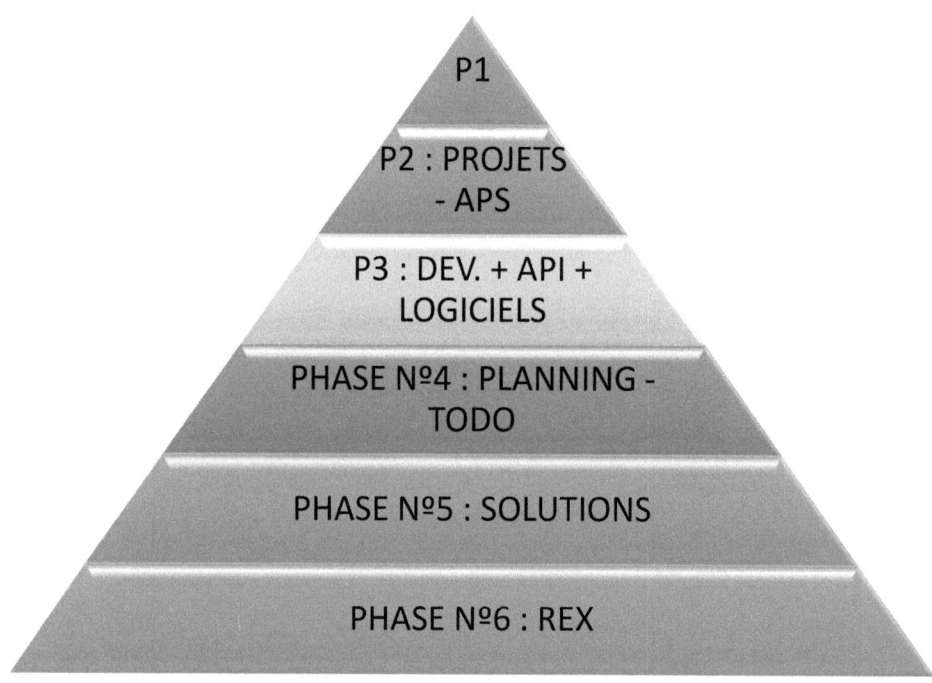

Figure 41 Pyramide des 6 phases.

Tableau des outils pour la gouvernance de l'Intelligence Artificielle (classement AESGPC) AUDIT ETUDE SECU GOUV PILOT COPILOT.

https://www.slideshare.net/PierreErolGiraudy/tableau-des-outils-pour-ai-aesgpc

4ème et dernière partie

Notre idée de base était de présenter des outils et leurs usages. Les aspects éthiques, Sécurité, réglementaires sont sur nos blogs nous vous indiquerons les liens, afin que vous puissiez en extraire des articles.

De fait, voir le tableau des outils pour la gouvernance de l'Intelligence Artificielle (classement AESGPC)

https://www.slideshare.net/PierreErolGiraudy/tableau-des-outils-pour-ai-aesgpc

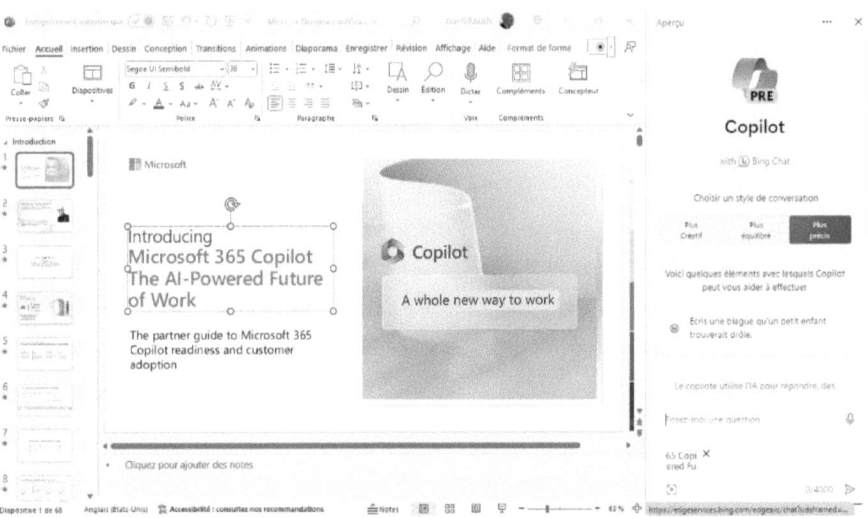

Figure 42 Copilot et PPT sur MS 365 et l'AI.

L'IA n'est pas l'une de ces inventions qui, comme l'imprimerie ne rendrons le monde que meilleur. Elle n'est probablement pas non plus l'arme ultime qui causera à elle seule la fin de l'humanité, comme on l'entend parfois.

L'IA et l'un de ces nouveaux outils très généraux, comme les ordinateurs et internet, qui accèlère les capacités des humains à travailler plus rapidement et mieux, tout en gardant présent à l'esprit que l'IA est un Copilot et nous restons les pilotes.

11 – CONCLUSIONS.

Vous arrivez à la conclusion de cet ouvrage. L'ensemble de ces chapitres se concentre sur des solutions de gouvernance, des outils, des méthodes et leurs interdépendances avec l'IA, tout en y incluant également des annexes importantes avec des URL.

Comme vous avez pu le constater, les deux derniers chapitres sur les outils avant cette conclusion sont importants. Néanmoins, certains de ces outils nécessitent des explications plus détaillées sur leurs usages. Pour ce faire, il faudra consulter les sites en suivant les URL.

Qui a peur du grand ChatGPT et de Quantum ?

L'article[xliii] s'interroge sur la possibilité pour l'intelligence artificielle de remplacer les travailleurs humains. Bien que l'IA puisse améliorer et automatiser certaines tâches, elle ne pourra jamais se substituer aux compétences humaines telles que la créativité, l'empathie et la résolution de problèmes complexes. De plus, une étude suggère que l'IA atteindra un plateau en 2026 en raison d'un manque de données fiables pour continuer à progresser.

En définitive, l'article met en avant la capacité d'adaptation des êtres humains et considère que l'IA sera un outil que nous apprendrons à utiliser, tout comme nous avons appris à utiliser d'autres technologies issues des géants de la technologie (GAFAM) et les autres acteurs mondiaux, notamment ceux des chinois[xliv]. Les auteurs insistent sur l'importance de l'anticipation et de l'analyse de l'information, en combinant l'intelligence humaine, artificielle et collective pour obtenir les meilleures informations en matière de gestion d'entreprise.

« Puisque notre métier ne se réduit pas à rédiger la nouvelle, mais surtout à l'anticiper et à l'analyser, nous comptons bien nous appuyer sur l'intelligence aussi bien humaine, artificielle que collective pour continuer à vous offrir le

meilleur de l'information d'affaires, aujourd'hui et pour les décennies à venir. » Marine Thomas.

Les droits humains sont "gravement menacés" par l'intelligence artificielle, selon les dires de l'ONU.

"Je suis profondément troublé par le potentiel de nuisance des récentes avancées en matière d'intelligence artificielle", a déclaré samedi 18 février 2023, a déclaré Volker Türk, le Haut-Commissaire des Nations unies dans un bref communiqué. L'ONU s'inquiète.

Les récentes avancées en matière d'intelligence artificielle (IA) représentent une grave menace pour les droits humains, a alerté samedi 18 février le Haut-Commissaire des Nations unies aux droits de l'Homme dans un bref communiqué, avant de réclamer la mise en place de "garde-fous efficaces".

Le Haut-Commissaire a lancé un appel urgent pour que les entreprises et les gouvernements développent des garde-fous efficaces pour l'utilisation de l'intelligence artificielle, en veillant à ce que les droits humains soient au centre de l'évolution de ce domaine.

Plusieurs pays ont appelé à réguler l'utilisation de l'IA dans le domaine militaire en raison des risques de "conséquences non souhaitées". L'IA est également présente dans notre vie quotidienne, offrant des avantages mais présentant également des risques tels que les violations de la vie privée et les algorithmes biaisés qui nécessitent une régulation difficile à mettre en place en raison de la rapidité des progrès technologiques.

Microsoft a pris une longueur d'avance en misant des milliards sur ChatGPT, qui est susceptible de révolutionner la recherche sur internet et d'autres domaines encore à inventer, ainsi que sur l'informatique quantique[xlv].

Le texte souligne l'importance de réglementer l'utilisation de l'intelligence artificielle pour protéger les droits humains et prévenir les risques tels que les violations de la vie privée et les algorithmes biaisés. Il met également en évidence l'importance des efforts des entreprises telles que Microsoft pour développer des avancées dans le domaine de l'IA. Cela montre que l'IA peut offrir des avantages significatifs, mais qu'il est essentiel de veiller à ce que les risques soient gérés de manière responsable. (Source ChatGPT).

Les droits Humains contre les Droits de l'Homme ?

« Enfin, du point de vue sémantique l'expression « droits humains » invoque en quelque sorte « l'humanité », la totalité de l'espèce humaine. Alors que les « droits de l'Homme » portent bien sur l'Homme (et la femme) en tant qu'individu. Et cela change tout. Les idéologies les plus mortifères valorisent toujours une humanité heureuse à venir, quitte à sacrifier l'individu d'aujourd'hui. Tout l'inverse de l'approche défendue par la déclaration universelle des droits de l'Homme. En effet, ce qui fait la force de ce texte c'est qu'il invoque bien des droits qui s'adressent à chacun en tant qu'individu et non à une humanité abstraite. Voilà pourquoi il me semble indispensable de revenir aux « Droits de l'Homme ». Certes ce texte est complexe, exigeant, mais il porte des valeurs essentielles qui ne méritent pas d'être édulcorées, même avec les meilleurs sentiments. » Emmanuel Bloch (Cercle K2[xlvi]).

Le temps va vite, les évolutions de l'AI sont ultra rapides, quand nous aurons terminé ce livre les ruptures avec le modèle d'origine seront patentes. Les améliorations seront importantes.

L'intégration de l'IA dans l'économie a des effets significatifs tels que l'automatisation des emplois, l'amélioration de la précision, la réduction des coûts, la personnalisation et l'innovation. Toutefois, les effets réels dépendent de la manière dont l'IA est utilisée et mise en œuvre dans différents secteurs.

C'est la naissance de l'ère moderne de l'IA à l'échelle mondiale.

> **"1n73ll1g3nc3 15 7h3 4b1l17y 70 4d4p7"** qui correspond à la célèbre citation de Stephen Hawking "Intelligence is the ability to adapt to change."

L'arrivée de ChatGPT a marqué la naissance de l'ère moderne de l'IA à l'échelle mondiale.

La popularité de l'intelligence artificielle (IA) dans les médias est en partie due à l'utilisation du terme pour désigner des choses qui avaient auparavant d'autres noms. Cela peut inclure des domaines tels que les statistiques, l'analyse économique et les règles de codage manuel "si-alors". Cependant, la perception de l'IA par le grand public reste floue pour plusieurs raisons.

La perception floue de l'intelligence artificielle (IA) par le grand public peut s'expliquer par plusieurs raisons. Tout d'abord, il n'existe pas de définition officielle de l'IA (*voir dans le glossaire*), même parmi les chercheurs spécialisés dans ce domaine. La définition de l'IA évolue constamment au fur et à mesure que de nouveaux sujets émergent et que certains sujets sont exclus du champ de l'IA. Une blague courante parmi les amateurs d'informatique affirme que l'IA est "tout ce qui est cool et que les ordinateurs ne sont pas capables de faire". Bien que cette définition soit ironique, elle illustre le fait que notre compréhension de l'IA change avec le temps. Par exemple, ce qui était considéré comme de l'IA il y a cinquante ans est maintenant enseigné aux étudiants en informatique.

Une autre raison de cette perception floue est l'influence de la science-fiction sur notre compréhension de l'IA. Les représentations de l'IA dans les romans (plus spécifiquement les romans dystopique comme 1984 et Le meilleur des mondes) et les films de science-fiction contribuent à la confusion. Ces récits présentent souvent des intelligences artificielles sous la forme de robots humanoïdes, à la fois serviables et dotés de la capacité de remettre en question leur propre nature. Ils sont souvent une métaphore de la condition humaine et soulèvent des questions sur l'identité et le sens de la vie (voir : le transhumanisme et l'hyperhumanisme dans ce livre).

Enfin, la troisième raison réside dans la complexité des tâches qui paraissent simples pour les humains mais qui sont en réalité très complexes pour les machines. Par exemple, prendre un objet dans la main et le saisir requiert une coordination et une perception sensorielle complexes. Ce qui nous semble facile est en fait le résultat de millions d'années d'évolution et d'apprentissage. En revanche, des tâches telles que jouer aux échecs ou résoudre des problèmes mathématiques, qui étaient autrefois considérées comme difficiles, peuvent être réalisées par les ordinateurs en suivant des règles simples et en effectuant des calculs rapides.

L'appréciation de l'intelligence artificielle (IA) par le grand public s'explique par plusieurs éléments. Tout d'abord, il n'existe pas de définition précise de l'IA, ce qui peut prêter à confusion (voir le glossaire). De plus, l'influence de la science-fiction a contribué à façonner une image souvent exagérée ou déformée de cette technologie. Enfin, la complexité sous-jacente de certaines tâches réalisées par l'IA, qui peuvent sembler faciles pour les humains, rend cette technologie difficile à appréhender pour le grand public.

Un événement marquant dans le domaine de l'éthique de l'IA a été la Conférence d'Asilomar en 2017. Cette conférence a joué un rôle important en réunissant des voix influentes et en favorisant un dialogue ouvert sur les questions cruciales entourant l'IA.

L'un des résultats clés de cette conférence a été l'élaboration des "Principes de précaution pour la recherche en intelligence artificielle", également connus sous le nom de principes d'Asilomar. Ces principes ont été proposés comme un cadre éthique visant à guider le développement responsable de l'IA.

Depuis lors, d'autres initiatives similaires ont été lancées pour continuer à aborder les enjeux éthiques et sociaux liés à l'IA. Ces initiatives visent également à encourager une collaboration plus étroite entre les acteurs de ce domaine en constante évolution.

La suite avec Copilot

Figure 43 Logo Copilot

Après l'annonce de l'intégration du modèle de langage IA dans Bing par Microsoft, d'autres entreprises, telles que Google, ont également commencé à partager leurs propres avancées dans ce domaine. Des entreprises chinoises ont également été identifiées comme étant engagées dans la recherche et le développement de projets similaires à ChatGPT.

Face à cette évolution, Microsoft a pris conscience que pour rester en tête de ce jeu, il est essentiel d'aller de l'avant et d'appliquer ChatGPT dans d'autres domaines, notamment la robotique.

Cette nouvelle ère de l'IA est encore à ses débuts, offrant d'immenses opportunités. Cependant, il est primordial d'adopter une mentalité de croissance et une approche responsable. Il faut également souligner l'importance d'une approche humaniste dans cette nouvelle ère de l'IA, car les opportunités qui se présentent sont extraordinaires.

"Je suis un techno-optimiste. Je pense que cela peut faire des choses incroyables pour nous », déclare Jared Spataro, le vice-président corporatif de Microsoft 365.

Soyons transparents, ouverts et humbles. Il est important de ne pas croire que nous pouvons tout changer d'un seul coup ou tout comprendre immédiatement. L'expérimentation et l'apprentissage sont essentiels pour mieux appréhender l'utilisation efficace et responsable de l'IA. Les technologies qui modifient le cours de l'histoire humaine sont celles qui amplifient notre ingéniosité et posent les bases de l'essor de l'innovation.

Il est vrai que de nombreuses formations et de nombreux livres seront probablement disponibles pour soutenir cette nouvelle approche et faciliter l'adoption de l'IA avec Copilot de Microsoft (voir notre tome 1).

Un nouveau monde est en train de se mettre en place, avec de nouveaux métiers. Une nouvelle gouvernance émerge et il est important de savoir exploiter ce modèle.

Un psychologue explique comment l'IA et les algorithmes transforment nos vies. Le spécialiste du comportement Gerd Gigerenzer[xlvii] a passé des décennies à étudier comment les gens font des choix.

Voici pourquoi il pense que trop d'entre nous laissent désormais l'IA prendre les décisions. Alors, comment se préparer à Microsoft 365 Copilot afin de rester le pilote. Il faudra favoriser l'adoption de Copilot, nous vous proposons les mesures suivantes :

Suivez les meilleures pratiques établies[xlviii] : Pour encourager l'utilisation et l'adoption des services Microsoft, il est recommandé de mettre en œuvre vos propres meilleures pratiques internes. Ces pratiques peuvent inclure des formations, des communications internes et d'autres initiatives visant à sensibiliser les utilisateurs à Copilot.

Utilisez les outils fournis : Microsoft fournira des outils supplémentaires dans le centre d'administration Microsoft 365 pour faciliter l'intégration et l'adoption de Copilot. Ces outils comprendront un guide d'intégration ainsi qu'une assistance supplémentaire pour vous et vos utilisateurs, afin de les aider à démarrer et à adopter Copilot une fois qu'il sera disponible pour votre organisation.

Renseignez-vous sur Copilot : En attendant la disponibilité de Copilot pour votre organisation, vous pouvez aider vos utilisateurs à découvrir les principes fondamentaux de Copilot et de l'intelligence artificielle sur le site d'aide et d'apprentissage de Microsoft AI. Ce site fournira des informations détaillées sur Copilot, ses avantages pour l'expérience de travail et les principes éthiques que Microsoft suit dans le développement de solutions d'IA.

L'intelligence artificielle (IA) joue un rôle de plus en plus important dans nos vies et transforme nos modes de vie et de travail. Microsoft 365 intègre désormais l'IA à travers Copilot, qui travaille à vos côtés pour libérer votre créativité et transformer votre travail. Il simplifie vos recherches avec la possibilité de dialoguer avec l'IA via Bing et plus encore.

L'IA est la simulation de l'intelligence humaine par des machines, en particulier des ordinateurs. Elle peut effectuer des tâches qui nécessitent normalement l'intelligence humaine, telles que la perception visuelle, la reconnaissance vocale, la prise de décision et la traduction linguistique.

Dans Microsoft 365, vous trouverez plusieurs termes liés à l'IA :

L'IA basée sur des règles fonctionne selon un ensemble de règles prédéfinies. Elle est utile pour résoudre des équations mathématiques, produire des instructions logiques ou analyser de vastes ensembles de données pour repérer des modèles.

L'apprentissage automatique consiste à apprendre à un système informatique à reconnaître des modèles dans les données. La reconnaissance vocale et d'image sont des exemples d'apprentissage automatique.

Le Deep Learning est une technique d'apprentissage automatique qui utilise des réseaux neuronaux pour traiter des données et prendre des décisions. Il est utilisé pour des tâches telles que la reconnaissance vocale et d'image, le traitement automatique de la langue naturelle et les prédictions basées sur les données.

Le traitement automatique de la langue naturelle permet aux ordinateurs de comprendre et d'interpréter le langage humain. Il est couramment utilisé dans les chatbots, les assistants virtuels et les logiciels de traduction linguistique.

L'IA générative crée de nouveaux contenus écrits, visuels et auditifs à partir de données existantes ou d'entrées humaines. **Copilot est une IA générative**.

Microsoft 365 intègre l'IA dans ses produits et services pour améliorer votre productivité. Par exemple, vous pouvez utiliser Microsoft Designer pour créer des images générées par l'IA, Bing et Edge basés sur l'IA pour une expérience de création améliorée (par exemple nous l'avons utilisé avec succès afin de créer notre petit robot et l'avons questionné à de nombreuses reprises), et nous avons utilisés le rédacteur de Microsoft dans Word pour améliorer l'écriture.

Copilot est également disponible dans Word, PowerPoint, Excel, OneNote et Outlook pour vous aider à être plus productif en démarrant rapidement vos documents et en recueillant rapidement des informations à partir de vos données ou de vos e-mails. Cependant, Copilot n'est actuellement disponible que dans une préversion privée très limitée.

Il est important de noter que l'IA a certaines limitations. Les contenus produits par l'IA peuvent contenir des inexactitudes, des préjugés ou des éléments sensibles. L'IA peut avoir du mal à comprendre le sarcasme, l'ironie ou l'humour. Il est également recommandé de passer en revue le contenu généré par l'IA pour s'assurer qu'il correspond à vos attentes.

Microsoft s'engage à utiliser l'IA de manière responsable et à respecter la confidentialité des utilisateurs. Vos données personnelles ne sont pas stockées par Microsoft lors de l'utilisation de Copilot.

En résumé, Microsoft 365 intègre l'IA à travers Copilot pour améliorer votre productivité et vous aider à créer du contenu de meilleure qualité plus rapidement. Cependant, il est important de prendre en compte les limitations et de passer en revue le contenu généré par l'IA. Microsoft s'engage à utiliser l'IA de manière responsable et à respecter la confidentialité des utilisateurs.

Cette approche vise à garantir que l'IA est développée de manière responsable, éthique et conforme aux réglementations pertinentes. Voici quelques compléments sur ce sujet :

Responsabilité et éthique : La gouvernance de l'IA en mode BUILD inclut des processus visant à garantir que les systèmes d'IA sont développés et utilisés de manière éthique et responsable. Cela implique de prendre en compte les questions liées à la discrimination, à la confidentialité des données, à la transparence et à la sécurité.

Conformité réglementaire : Les entreprises doivent se conformer aux réglementations en vigueur concernant l'IA, telles que le Règlement Général sur la Protection des Données (RGPD) en Europe, ou d'autres lois et normes spécifiques à l'IA qui peuvent être promulguées par les autorités gouvernementales.

Gestion des risques : La gouvernance de l'IA en mode BUILD implique d'identifier et de gérer les risques associés à l'IA, notamment les risques liés à la sécurité, à la qualité des données, à la réputation de l'entreprise et aux conséquences potentielles sur les droits et les libertés des individus.

Transparence et explicabilité : Les organisations doivent rendre compte de la manière dont leurs systèmes d'IA prennent des décisions. Cela peut inclure la documentation des modèles d'IA, des algorithmes et des données utilisées, ainsi que la communication transparente des résultats et des impacts prévus.

Formation et sensibilisation : La gouvernance de l'IA en mode BUILD implique également de former et de sensibiliser les équipes impliquées dans le développement de l'IA aux questions éthiques, juridiques et de conformités liées à cette technologie.

Audits et évaluations : Les entreprises peuvent mettre en place des processus d'audit et d'évaluation pour s'assurer que leurs systèmes d'IA fonctionnent conformément aux normes éthiques et aux réglementations. Ces audits peuvent être réalisés en interne ou par des tiers indépendants.

Participation des parties prenantes : Il est important d'inclure les parties prenantes pertinentes, y compris les utilisateurs finaux, les experts en éthique, les régulateurs et d'autres parties intéressées, dans le processus de gouvernance de l'IA en mode BUILD pour garantir une prise de décision éclairée.

Évolution continue : La gouvernance de l'IA en mode BUILD est un processus continu qui doit s'adapter aux évolutions technologiques, aux nouvelles réglementations et aux leçons apprises lors de la mise en œuvre de l'IA.

Conclusion : la gouvernance de l'IA en mode BUILD vise à créer un cadre qui assure le développement et l'utilisation responsables de l'IA au sein des organisations. Cela implique de prendre en compte des considérations éthiques, juridiques et de conformité tout au long du cycle de vie de l'IA, de la conception à la mise en production et à la surveillance continue.

La position des Européens

La stratégie européenne pour les données reconnaît que les données sont au cœur de la transformation numérique de l'économie et de la société, et que l'innovation fondée sur les données peut apporter des avantages considérables aux particuliers. Cependant, la collecte et l'utilisation des données doivent placer les intérêts des individus en première place, conformément aux valeurs, aux droits fondamentaux et aux règles de l'Union européenne.

Les données à caractère non personnel devraient être accessibles à tous, publics ou privés, afin que la société puisse tirer le meilleur parti de l'innovation et de la concurrence, et que chacun puisse bénéficier d'un dividende numérique.

L'UE peut devenir un modèle de premier plan pour une société à laquelle les données confèrent les moyens de prendre de meilleures décisions, tant dans les entreprises que dans le secteur public. Pour y parvenir, l'UE doit agir maintenant et s'attaquer de manière concertée à des questions allant de la connectivité au traitement et au stockage des données en passant par la puissance de calcul et la cybersécurité, tout en améliorant ses structures de gouvernance pour le traitement des données et en augmentant ses réserves communes de données de qualité disponibles pour l'utilisation et la réutilisation.

L'objectif ultime est de tirer parti des avantages d'une meilleure utilisation des données, notamment une productivité accrue, des marchés plus concurrentiels, des améliorations dans les domaines de la santé et du bien-être, de l'environnement, une gouvernance transparente et des services publics efficaces.

La présente communication présente une stratégie européenne pour les données dont l'ambition est de permettre à l'UE de devenir l'économie habile à tirer parti des données la plus attrayante, la plus sûre et la plus dynamique du monde, en donnant à l'Europe les moyens d'agir à l'aide de données permettant d'améliorer ses décisions et de rehausser les conditions de vie de tous ses citoyens. Elle énumère un certain nombre de mesures et d'investissements nécessaires pour atteindre cet objectif.

Les enjeux sont importants, étant donné que l'avenir technologique de l'UE dépend de sa réussite à exploiter ses atouts et à saisir les possibilités qu'offre l'augmentation continue de la production et de l'utilisation des données. Un mode européen de traitement des données permettra de disposer de davantage de données pour relever les défis de société et pour les utiliser dans l'économie, tout en respectant et en promouvant nos valeurs communes européennes.

Afin d'assurer son avenir numérique, l'UE doit saisir l'occasion qui lui est offerte par l'économie fondée sur les données. (Une stratégie européenne pour les données).

Prévisions

Un quart des dirigeants technologiques devront rendre compte à leur conseil d'administration de la gouvernance de l'IA. Les réglementations et la nécessité de confiance dans l'IA obligent désormais un DSI ou un CTO sur quatre à prendre en charge la gouvernance de l'IA. Comme pour la cybersécurité et la conformité, la gouvernance de l'IA deviendra un domaine de responsabilité du conseil d'administration qui aura un impact sur la supervision de la différenciation technologique et l'atténuation des risques pour l'entreprise.

Cela nécessitera un point de contact désigné dans l'équipe de direction. Les secteurs hautement réglementés tels que les services financiers et la santé, ainsi que les zones réglementées comme l'Europe, seront les premiers à mettre en œuvre cette gouvernance, tandis que les États-Unis testeront de nouveaux cadres de travail. Le reporting du conseil d'administration portera sur l'explicabilité, les audits d'équité de la prise de décision algorithmique à fort impact et les effets de l'IA sur l'environnement (IA verte).

Selon les données de Forrester [xlix], 46 % des décideurs en matière de données, d'analytique et de technologie recherchent des partenaires pour mettre en œuvre une IA stratégique pour leur entreprise. Accenture, BCG, Deloitte, EY et McKinsey proposent déjà des formations en audit et direction pour la gouvernance de l'IA. Les futurs responsables technologiques doivent assumer leur nouveau rôle de gouvernance de l'IA et profiter de l'occasion pour appliquer une stratégie technologique éthique dans l'ensemble de l'organisation.

Les 4 Grandes étapes de la maturité IA.

Le modèle opérationnel de maturité IA conçu par Microsoft est une courbe de maturité d'une organisation par rapport à l'IA.

Il lui permet d'évaluer où elle en est et ce dont elle a besoin pour passer à l'étape d'après.

On distingue 4 grandes étapes de maturité des organisations autour de l'IA, qui vont traduire et dépendre d'une approche, un rythme, des ressources humaines et techniques, et enfin un impact des projets IA différents. Ces grandes étapes vont également impliquer des enjeux différents d'un point de vue organisationnel, culturel et éthique.

Bien sûr, la maturité IA s'inscrit dans des contextes de transformation numérique différents. À chaque étape correspondent une question clé, un niveau de transformation numérique de l'organisation, de compréhension de l'IA, de culture de la donnée et de ressources (techniques et humaines) en data science et en développement.

C'est en fonction de ce niveau de maturité que chaque organisation peut évaluer sa capacité à lancer un projet seul, ou si elle a besoin d'être accompagnée. (Source Microsoft France).

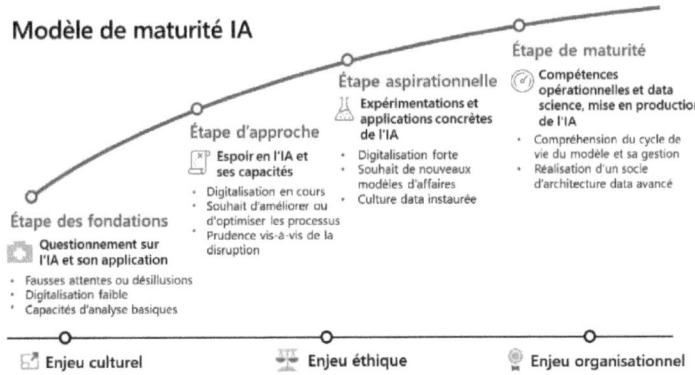

Figure 44 Modèle de maturité IA

Un pas vers les technologies Quantiques

Un supercalculateur quantique sera capable de résoudre des problèmes insolubles sur un ordinateur classique et à l'échelle pour résoudre les problèmes les plus complexes auxquels notre monde est confronté. Pour cela, il doit être à la fois performant et fiable. Les clients doivent comprendre à quel point un système quantique est capable de résoudre des problèmes réels, de la machine à la surcharge du réseau. C'est pourquoi mesurer un supercalculateur ne peut pas consister à compter des qubits physiques ou logiques.

Microsoft indique :

« Accélérer ensemble la découverte scientifique, avec l'avènement de toute technologie innovante, il existe des risques qui doivent être planifiés et atténués. Les principes de l'IA de Microsoft nous guident et ces principes fondamentaux s'appliquent également au quantique.

Au fur et à mesure que nous développons de nouveaux services comme Azure Quantum Elements et que nous concevons notre premier supercalculateur quantique, nous appliquerons des mesures de rigueur supplémentaires en intégrant les commentaires tout au long du processus.

Nous nous préparons également maintenant à un avenir quantique sûr

Microsoft a un plan complet pour garantir que tous nos services restent sécurisés et s'associe à nos clients et à l'industrie pour soutenir cette transition importante.

L'opportunité qui s'offre à nous est immense. Les scientifiques et les entreprises révolutionneront les éléments constitutifs des produits de tous les jours pour inaugurer une nouvelle ère d'innovation et de croissance économique. Ensemble, nous pouvons compresser les 250 prochaines années de chimie et de science des matériaux dans les 25 prochaines.

Nous partagerons plus d'informations sur la préversion privée d'Azure Quantum Elements, Copilot dans Azure Quantum et notre feuille de route vers un supercalculateur quantique.[1]»

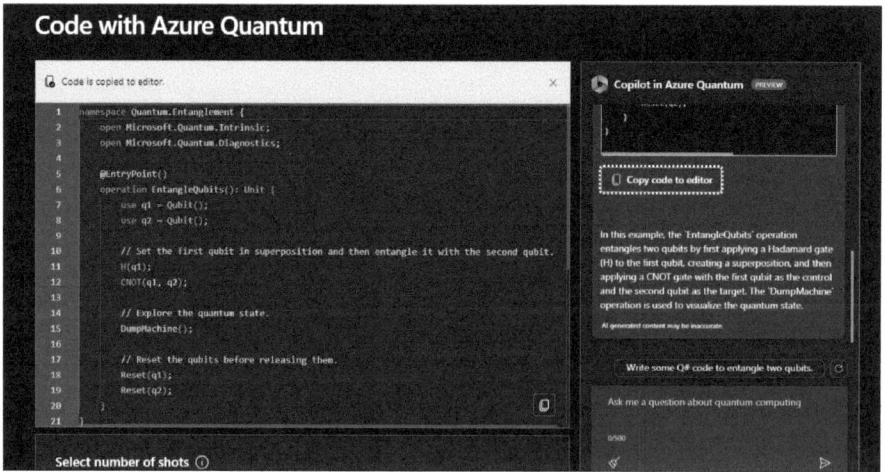

Figure 45 Code avec Azure Quantum

L'introduction d'"Azure Quantum Elements" marque une nouvelle ère de découverte scientifique. Les progrès de l'humanité ont toujours été définis par les matériaux utilisés à différentes époques, tels que la pierre, le bronze, le fer et le silicium.

Les nouveaux matériaux et produits chimiques peuvent résoudre les problèmes actuels de la planète, tels que la capture du carbone, la purification de l'eau et la découverte de médicaments.

Grâce aux avancées dans le calcul à grande échelle et l'intelligence artificielle générative, il est maintenant possible de concevoir des matériaux et des produits chimiques en utilisant la technologie de l'IA.

- Apprendre la chimie avec Azure Quantum : https://quantum.microsoft.com/en-us/experience/quantum-elements
- https://www.microsoft.com/en-us/research/publication/quantum-algorithms-for-quantum-chemistry-and-quantum-materials-science/
- Voir les notes de fin de ce livre[li]
- *Voir aussi en fin de ce livre dans les notes le site d'Oliver Ezratty[lii] un expert sur le sujet quantique.*

La compétition effrénée des laboratoires américains

Aux États-Unis, plusieurs grands laboratoires en intelligence artificielle, tels que le MIT, Meta (groupe de Mark Zuckerberg) et Hugging Face, rivalisent pour développer des technologies qui pourraient surpasser l'assistant d'OpenAI et son modèle de langue, GPT-4.

Le MIT a présenté SimPLE (Simple Pseudo-Label Editing), une IA qui se base sur l'auto-formation pour dépasser les performances de LaMDA de Google et des modèles GPT d'OpenAI dans diverses tâches de compréhension du langage, y compris l'analyse de sentiment, les questions-réponses et la classification d'actualités. Le CSAIL du MIT explore également la combinaison de la génération et de la reconnaissance d'images avec le système Mage.

De son côté, Meta a publié la version 2.0 de son modèle de langue LLaMA en open source sous licence GNU GPL. Ils ont également présenté I-Jepa, un nouveau modèle de vision par ordinateur qui apprend en comparant les représentations au sein des images plutôt que de se baser sur les pixels. L'objectif de Meta est de créer des machines dotées d'un "sens commun" pour apprendre rapidement, planifier des tâches complexes et s'adapter facilement à des situations inconnues, comme le font les humains.

L'approche open source de ces entreprises permet de pousser vers l'open innovation, offrant la possibilité de personnaliser de petits modèles de langage avec des petits ensembles de données pour obtenir des résultats opérationnels immédiats.

En somme, ces laboratoires américains adoptent des approches novatrices telles que l'auto-formation, la combinaison de la génération et de la reconnaissance d'images, et la recherche d'une "sens commun" pour créer des technologies qui pourraient surpasser l'actuel ChatGPT d'OpenAI.

Cette compétition effrénée stimule l'innovation en intelligence artificielle et pourrait potentiellement conduire à des percées majeures dans le domaine des assistants virtuels et des systèmes d'IA avancés.

Ce que tout PDG devrait savoir sur l'IA générative

L'IA générative est devenue essentielle pour les PDG et les entreprises, offrant de la valeur dans divers domaines. Les exigences économiques et techniques pour son adoption ne sont pas prohibitives, mais l'inaction risque de faire prendre du retard par rapport aux concurrents. Les PDG doivent travailler avec leur équipe de direction pour déterminer où et comment utiliser cette technologie.

Certains PDG considèrent l'IA générative comme une opportunité de transformation pour leur entreprise, permettant une réinvention complète des domaines tels que la recherche et développement, le marketing, les ventes et les opérations client. D'autres préfèrent commencer modestement et évoluer progressivement.

Une fois la décision prise, les experts en IA peuvent mettre en œuvre la stratégie en suivant des approches techniques spécifiques adaptées à chaque cas d'utilisation. Une grande partie de l'utilisation de l'IA générative dans une organisation proviendra des fonctionnalités intégrées aux logiciels déjà utilisés par les employés. Par exemple, les systèmes de messagerie pourront aider à rédiger les premiers brouillons de messages, les applications de productivité généreront des présentations à partir de descriptions, les logiciels financiers produiront des rapports financiers en prose, et les systèmes de gestion de la relation client suggéreront des interactions avec les clients. Ces fonctionnalités peuvent accroître la productivité de chaque employé.

Figure 46 Ce que tout PDG devrait savoir sur l'IA générative

Cependant, l'IA générative peut également transformer radicalement certains domaines d'activité. Des exemples sont donnés pour illustrer comment les entreprises de différents secteurs utilisent déjà cette technologie pour remodeler leur façon de travailler. Ces exemples vont des cas d'utilisation nécessitant peu de ressources à ceux qui en demandent davantage. Pour plus de détails techniques et une comparaison rapide de ces exemples, d'autres informations sont nécessaires.

Les exigences organisationnelles pour l'IA générative vont de faibles à élevées, selon le cas d'utilisation.

Livre: What every CEO should know about generative AI | McKinsey :
https://www.mckinsey.com/capabilities/mckinsey-digital/our-insights/what-every-ceo-should-know-about-generative-ai?cid=eml-web

Conclusion

> *« L'IA ne remplacera pas votre travail, mais quelqu'un qui l'utilise pourrait le faire »*

Nous espérons que vous avez été surpris par ces chapitres et exemples de ChatGPT ainsi que ceux sur Copilot. À l'heure actuelle, il est disponible gratuitement par OpenAI à des fins de recherche dans sa version 3.5, cependant, il sera intéressant de voir comment OpenAI fixera des tarifs sur ChatGPT dans le temps (en dehors de ChatGPT Plus suivant les utilisations et métiers[liii] dans un avenir proche. Jusque-là, amusez-vous avec ChatGPT). Il faut relativiser tout ceci, laissons ChatGPT évoluer et prendre ses marques, avec de nombreux débats et interviews.

« Considérez l'IA comme l'outil ultime pour le prototypage, même pour le travail en dehors de nos propres compétences. Cela rend votre écriture meilleure, même si cela fait de vous un meilleur écrivain. Alors que beaucoup d'entre nous ont accès à de puissants outils de productivité, nous avons tendance à n'utiliser qu'une fraction de leurs capacités. La nouvelle technologie d'intelligence artificielle nous donne accès à toutes les capacités de calcul de Microsoft Excel et au potentiel de conception illimité de PowerPoint couplé à Create. L'IA peut nous aider dans le travail que nous trouvons le plus difficile afin que nous puissions reprendre le travail que nous aimons. Tout ce que nous avons à faire est de demander. Mais, quelle rupture dans nos habitudes, il faudra du temps pour assimiler ces nouvelles fonctions. (Voir aussi Teams, Word et Create couplés à Copilot) ».

Dans le contexte des IA génératrices de texte, comme ChatGPT, il est essentiel de guider efficacement l'IA pour obtenir des réponses détaillées et structurées. Lingqiao Liu, un maître de conférences à l'Australian Institute for Machine Learning, souligne l'importance de décomposer une tâche complexe en tâches simples. En demandant simplement une requête ("zero shot prompt"), l'IA peut fournir des réponses vagues. Pour améliorer cela, on peut spécifier le format de réponse souhaité en fournissant des exemples de questions et de réponses.

Une autre approche consiste à attribuer un rôle à l'IA, comme lui demander d'agir en tant que professeur d'histoire auprès d'étudiants spécialisés. Cette approche influence la façon dont l'IA répond. De plus, l'IA peut être amenée à générer une critique de ses propres résultats et à les améliorer en fonction des retours.

Pour structurer davantage les résultats, on peut demander à l'IA de créer une liste des étapes nécessaires pour atteindre un résultat donné, en commençant par un "plan" et en développant ensuite un texte en suivant ce plan. En résumé, la clé du succès réside dans la clarté des instructions et des requêtes pour obtenir des réponses précises de l'IA, en évitant les formulations négatives qui peuvent induire en erreur.[liv]

"Pour être bon avec l'IA il faut être bon dans son métier (étude Stanford 2023).

L'avenir possible de l'IA générative[lv]

Les hypothèses ou scenarii pourraient être les suivants :

1ère Hypothèse :

La société adopte l'IA générative (progrès élevés en matière d'IA, progrès élevés en matière de réglementation)

La société a adopté l'IA à bras ouverts, devenant ainsi une partie intégrante de la vie quotidienne. Les systèmes d'IA s'intègrent de manière transparente dans divers secteurs, améliorant l'efficacité, la productivité et l'expérience du consommateur tout en adhérant à des cadres réglementaires solides.

2ème Hypothèse :

L'hibernation de l'IA : IA hautement réglementée et dormante (faible IA, réglementation élevée)

La réglementation maximale du développement et de l'utilisation de la technologie de l'IA générative a entraîné un ralentissement des progrès dans ce domaine. Les systèmes d'IA générative sont limités à des applications spécialisées et les avantages potentiels de la technologie ne sont pas pleinement exploités.

3ème Hypothèse :

L'abandon de l'IA : la société rejette l'IA (faible IA, faible réglementation)

La société a rejeté l'IA en raison de réglementations inefficaces, ce qui se traduit par une innovation et un progrès technologiques limités. Une utilisation abusive potentielle et une IA générative inefficace suscitent la méfiance du public.

4ème Hypothèse :
« Free-For-All technologique » : IA de haute technologie non réglementée (IA élevée, faible réglementation)

Une réglementation minimale, car les régulateurs ne parviennent pas à s'adapter rapidement aux progrès rapides de l'IA. Avec l'innovation technologique rapide dans les cas d'utilisation et les systèmes d'IA générative, l'adoption et l'utilisation abusive potentielle de la technologie sont attendues.

Les réglementations

Elles restent désespérément en retard par rapport aux progrès de l'IA, et nous ne voyons pas cela changer à court terme. Les progrès de l'IA sont bien plus rapides que la loi de Moore pour les puces, et nous ne parierions pas que cela va s'arrêter.

Il sera bon aussi de **renforcer la sécurité**[lvi] de l'IA afin d'éviter d'autres types de débordements.

Mais restons optimiste, c'est aussi l'ouverture pour de nouveaux métiers autour de l'IA, de centres de formations, de nouvelles technologies, des avancées dans l'IoT et la robotique, et plus encore. Un monde nouveau arrive pour ceux qui veulent bien y participer.

« Créer des machines capables d'apprendre et de comprendre aussi efficacement que les humains est un effort scientifique à long terme et sans aucune garantie de succès. Mais nous sommes convaincus que la recherche fondamentale continuera à permettre une compréhension plus approfondie de l'esprit et des machines, et qu'elle conduira à des avancées qui profiteront à tous ceux qui utilisent l'IA. » (source : Yann LeCun[lvii] sur une vision pour faire apprendre et raisonner les systèmes d'IA comme les animaux et les humains.)

Quoi qu'il en sera, il est essentiel de sensibiliser massivement les politiques et le grand public à l'IA pour démystifier cette discipline et comprendre ses enjeux. Il est également nécessaire d'investir massivement dans la formation pour augmenter le nombre d'ingénieurs et de chercheurs en IA diplômés.

Enfin, il est temps que l'Europe voie l'IA comme une opportunité économique plutôt que comme une nouvelle menace existentielle.

« La régulation de l'intelligence artificielle ouvre la voie à de nouveaux métiers. En Europe, le législateur souhaite imposer l'AI Act, un cadre réglementaire strict d'ici à 2026. En anticipation, les acteurs du secteur commencent déjà à repenser le rôle de certains postes clé quand d'autres envisagent de recruter des profils spécifiques. "La gouvernance c'est le sujet sur lequel il faut commencer à réfléchir dès maintenant, avoir en tête la manière de construire les rôles, les responsabilités, pour assurer une phase de mise en conformité moins complexe. Vu la masse d'exigences, l'optimisation va être rudement importante", estimait Vincent Maret, associé chez KPMG dans nos colonnes[lviii]. »

Microsoft 365 Copilot,

A été annoncé par Microsoft, est un exemple de la manière dont l'intelligence artificielle générative révolutionne le travail. C'est une partie du futur de l'IA qui est d'ores et déjà disponible avec une déclaration de confidentialité très claire.

« Nous accordons la plus grande importance à la confidentialité de vos informations. Cette déclaration de confidentialité explique quelles sont les données personnelles traitées par Microsoft, comment Microsoft les traite et à quelles fins.

Microsoft propose une large gamme de produits, notamment des produits serveur utilisés pour faciliter le fonctionnement des entreprises du monde entier, les appareils que vous utilisez chez vous, les logiciels dont se servent les étudiants en cours et les services auxquels les développeurs font appel pour créer et héberger les produits du futur.

Les références aux produits Microsoft dans cette déclaration comprend les services, les sites web, les applications, les logiciels, les serveurs et les appareils Microsoft. »

Source : Déclaration de confidentialité Microsoft, protection des données personnelles Microsoft :

https://privacy.microsoft.com/fr-fr/privacystatement

Depuis que l'IA générative, comme ChatGPT d'OpenAI, est devenue accessible à tous en novembre 2022, les organisations se demandent comment elle peut améliorer leurs opérations et leur expérience client.

Copilot sera disponible à l'automne dans les applications Microsoft 365 telles que Teams, Excel, Word, Outlook et PowerPoint. Il utilise l'IA générative pour aider les utilisateurs à rédiger, concevoir et présenter plus efficacement, tout en étant pleinement intégré aux outils de travail quotidien, sans obligation d'utilisation.

Un exemple d'utilisation possible de Copilot est la rédaction de blogs. En posant des questions en langage naturel, Copilot a généré un premier brouillon que l'auteur a ensuite personnalisé, économisant ainsi une heure de travail.

Copilot excelle dans diverses tâches, comme la rédaction de blogs, la création de présentations PowerPoint ou le résumé de réunions, permettant aux utilisateurs de travailler plus efficacement. En somme, Microsoft 365 Copilot a le potentiel de révolutionner la manière dont de nombreuses personnes travaillent, en augmentant leur productivité de manière significative.

A terme, ce type de nouvel outil permettra de gagner du temps sur des tâches à faible ou moyenne valeur ajoutée, libérant ainsi du temps pour des tâches où l'humain excelle. Créativité, écoute, former des convictions, prendre soin des clients, imaginer de nouveaux services, réagir à de nouvelles situations… ne sont que quelques exemples de ce qui sera de plus possible car d'autres tâches seront accélérées et optimisées par Microsoft 365 Copilot, qui lui-même va s'enrichir par son usage et son pilotage.

La gouvernance de Copilot va faire l'objet de formations spécifiques.

Quel dénominateur commun à Microsoft 365 avec ces huit applications ?

Nous transformons la manière dont nous assurons la gouvernance des données, afin d'introduire des contrôles évolutifs et automatisés pour l'architecture des données, la santé du cycle de vie et de faire progresser leur utilisation appropriée. Comme illustré ci-dessous, la gouvernance moderne des données constitue le pilier fondamental sur lequel Microsoft a construit sa stratégie globale de données d'entreprise.

Avec l'évolution vers le travail distribué et la croissance du partage de fichiers, l'importance de la sécurité est montée en flèche ainsi que la gouvernance. L'IA avec Copilot va avoir une place importante dans Microsoft 365, de ce fait il faudra suivant la taille de l'entreprise privilégier un plan de gouvernance et de formation aux outils et à l'usage de Copilot.

La liste des solutions / applications, **il y en a huit qui sont toutes disponibles dans la console d'administration de Microsoft 365**, elles sont potentiellement disponibles avec Microsoft 365. Il faudra donc se poser la question de leurs usages, et pourquoi pas aussi mettre un tableau de bord en place.

Chacune des fonctionnalités ci-dessous est actuellement disponible pour les clients du monde entier, sauf indication contraire. Microsoft Copilot Security, Entra, Purview + SAM + Copilot... Et des solutions de monitoring."

https://gouver2020.blogspot.com/2023/10/se-preparer-pour-microsoft-365-copilot.html

Mais avant tout il faudra savoir comment nous mesurons l'état de préparation à l'IA | GSA - Centres d'excellence en modernisation informatique, pour cela voir :

https://coe.gsa.gov/2020/10/28/ai-update-2.html

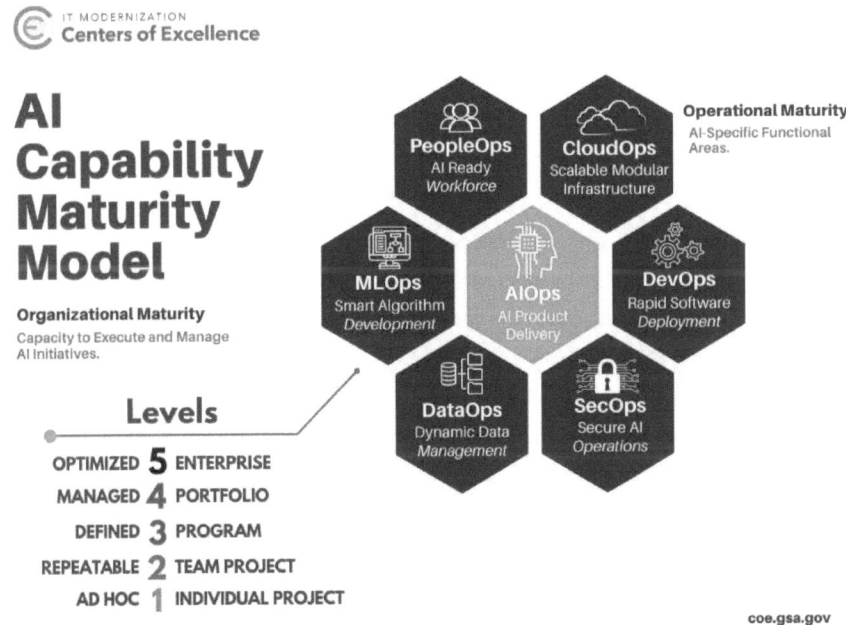

Figure 47 Le graphique du modèle de capacité d'IA montre les sept domaines de maturité opérationnelle et les cinq niveaux de maturité organisationnelle.

Voir sur Copilot et sa gouvernance les trois documents :

https://www.slideshare.net/PierreErolGiraudy/quel-denominateur-commun-a-microsoft-365pdf

https://www.slideshare.net/PierreErolGiraudy/comment-se-preparer-pour-microsoft-365-copilotpdf

https://www.slideshare.net/PierreErolGiraudy/lagouvernancems365admincenterteamsspsonedrivepdf

En résumé, l'apprentissage se fait progressivement car l'IA générative est une technologie nouvelle et plus encore Copilot, et nous devons comprendre à la fois son fonctionnement et comment les gens l'adoptent. Il est évident que la gestion des données, la gestion du changement et la gouvernance seront des aspects cruciaux pour déployer avec succès des solutions d'IA générative.

Nous sommes enthousiastes à l'idée de voir ces résultats, permettant d'accroître la productivité de manière positive en respectant les règles de Copilot sous Windows qui sera votre compagnon IA. Il met la productivité à portée de main. En tirant parti de Bing Chat ou de Bing Chat Enterprise, Copilot dans Windows accélère vos tâches, réduit les frictions, vous fait gagner du temps et vous fournit des réponses personnalisées, de l'inspiration et une assistance aux tâches.

« Votre utilisation de Copilot sous Windows est soumise à ces conditions d'utilisation supplémentaires (« Conditions »). En utilisant Copilot sous Windows, vous acceptez d'être lié par ces Conditions. »

Source ce lien ci-dessous :

https://learn.microsoft.com/en-us/windows/privacy/copilot-supplemental-terms

Les formations Copilot à sa gouvernance.

https://learn.microsoft.com/en-us/search/?terms=copilot&category=Training

https://adoption.microsoft.com/fr-fr/copilot/

Figure 48 Formations gratuites à Copilot

12 - TABLE DES LÉGENDES ET INDEX - GLOSSAIRES.

Figure 1 Classement : A-E-S-G-P-C. 3
Figure 2 2024-2025 sans IA 3
Figure 3 Le petit robot GPT 9
Figure 4 Notre robot Designer 9
Figure 5 Certification Copilot de Microsoft. 13
Figure 6 Les quatre axes de réflexions. 16
Figure 7 Graphique Expérience/Ressources IA et Customisation IA. 18
Figure 8 Copilot et DALL-E 19
Figure 9 Les 6 points essentiels du pilotage de l'Intelligence Artificielle 26
Figure 10 (EG/MG) Gestion applicative de l'IA= GF+GO © 32
Figure 11 GRC Guidance (Governance – Risk Management – Compliance). 37
Figure 12 Connecting Governance, Risk 38
Figure 13 MOF in Context 39
Figure 14 Exemple de tableau de bord. 62
Figure 15 4 Axes de réflexions 64
Figure 16 Exemple de plan de Gouvernance (source : Microsoft) 71
Figure 17 Plan : Outils et gouvernance 72
Figure 18 Formations gratuites à Copilot 75
Figure 19 Copilot Déclaration 77
Figure 20 Avant-Projet Simplifié (A.P.S.) 82
Figure 21 Le PGG est un condensé des autres plans 85
Figure 22 Les 6 étapes 91
Figure 23 Figure 15 Méthodologie d'audit 97
Figure 24 5 Étapes d'audit 101
Figure 25 4 Catégories d'intervenants et leurs fonctions 111
Figure 26 La roue 4 piliers IA 113
Figure 27 Tableau de bord 117
Figure 28 Utilisation schématique Copilot avec LLM et les écosystèmes .. 130
Figure 29 Interfaçage et recherche augmentée 131
Figure 30 Copilot et Excel 133

Figure 31 Gouvernance la roue. 150
Figure 32 Déroulé d'une étude d'IA. 152
Figure 33 Exemple de calcul de ROI 153
Figure 34 OpenAI et ses 4 services.. 158
Figure 35 Tableau Pourcentage de Temps de Disponibilité Mensuel......... 160
Figure 36 Les 4 services OpenAI 160
Figure 37 Tableau des outils de A-E-S-G-P-C... 161
Figure 38 Tableau des outils.. 165
Figure 39 Tableau de bord IA 168
Figure 40 Tableau AESGPC. 169
Figure 41 Pyramide des 6 phases. 178
Figure 42 Copilot et PPT sur MS 365 et l'AI... 179
Figure 43 Logo Copilot... 185
Figure 44 Modèle de maturité IA 193
Figure 45 Code avec Azure Quantum.. 194
Figure 46 Ce que tout PDG devrait savoir sur l'IA générative 197
Figure 47 Le graphique du modèle de capacité d'IA montre les sept domaines de maturité opérationnelle et les cinq niveaux de maturité organisationnelle... 205
Figure 48 Formations gratuites à Copilot.. 207

INDEX

Accenture, 22
adoption du cloud, 44
AIOps, 143, 144, 145, 148
algorithmiques, 22
API, 14, 114
apprentissage, 207
APS, 93
Asilomar, 29, 185
audit, 3, 4, 7, 14, 15, 91, 92, 93, 95, 96, 97, 98, 99, 101, 102, 103, 104, 105, 106, 107, 108, 110, 173, 193
AUDIT, 91, 101, 105, 107, 108, 163, 173
Avant-Projet Simplifié, 93
avenir possible, 201
AZURE PORTAL, 165, 177
biaisés, 52, 182
Bing, 57
Bing Chat, 175, 176, 177, 207
Bing Chat Enterprise, 176, 177, 207
Bing©, 9
Charte de Vision, 93
chatbot, 114, 166, 170
ChatGPT, 9, 13, 29, 35, 39, 40, 41, 45, 50, 57, 60, 65, 68, 74, 104, 114, 124, 126, 135, 181, 182, 183, 184, 186, 197, 199, 204, 220
chinois, 16, 181
CNIL, 49, 86, 165, 176

co-auteurs, 7, 10
codes de conduite, 30
Comité de Pilotage, 95
Commission Européenne, 54
conduite du changement, 11, 111, 112, 113
confidentialité, 203, 204
conscience, 53
consciences, 45
Conseil européen, 55
coordinateur projet, 33, 34
Copilot, 14, 15, 19, 74, 77, 129, 130, 131, 133, 171, 175, 176, 177, 180, 186, 187, 188, 189, 195, 200, 203, 204, 205, 207, 208, 218
COPILOT, 45, 114, 115, 117, 164, 175
Copilot et sa gouvernance, 207
cyberattaques, 28
cybersécurité, 22, 98, 147, 149, 191, 192
cycle de vie, 23, 35, 71, 116, 136
DALL-E, 114
DALL-E©, 9
Deloitte, 22
Designer, 9
Direction des Ressources Humaines, 33
domaine juridique, 78
droits de l'Homme, 183

DSI, 22, 33, 34, 42, 86, 87, 91, 96, 111, 112, 167, 192
dystopique, 184
économique, 49
Entra, 206
éthique, 19, 28, 31, 58
Etienne LEGENDRE, 11
Fairness Checklist, 165, 176
Folksonomie, 83, 127
formations, 7, 10, 12, 22, 31, 65, 83, 84, 124, 126, 170, 173, 176, 187, 193
Formations gratuites à Copilot sur, 75
Framework (CAF), 20
Frank POIREAU, 11
GAFAM, 22, 181
GAP, 7
Gestion applicative, 32
GitHub, 164, 165, 173, 176
GLOSSAIRES, 214
gouvernance, 27, 31
Gouvernance de Copilot, 74
gouvernance fonctionnelle, 31
gouvernance opérationnelle, 32
GPT-3, 114
GRACE, 163, 173
Graph, 130, 164, 175, 176
GRC, 36
HAX, 43, 163, 173
hyperhumanisme, 184
Hyperhumanisme, 56
hypothèses, 201
IA responsable, 59, 60, 61, 62, 63, 118, 119, 151, 174, 176
intelligence artificielle, 10, 45, 46, 48, 50, 53, 54, 55, 56, 114, 128, 167, 172, 173

Intelligence Artificielle, 24
IoT, 202
ISACA, 93, 163, 173
IT Operations Management, 134
ITaaS, 122, 123, 124
ITOM, 134, 135, 137, 138, 139, 140, 141, 142, 143, 144, 145, 146, 148, 149
ITSM, 145, 146, 147
Joël de Rosnay, 14
Joël de ROSNAY, 16
juridique, 49
Juridique, 45
Kenza Ibnattya, 18
Kevin TRELOHAN, 12
KIT, 165, 166, 173, 176, 177
KPI, 62, 167
l'esprit et des machines, 202
La gouvernance de Copilot, 205
la gouvernance des équipes, 70
Les clubs et communautés, 75
Les formations Copilot à la gouvernance., 208
l'IA générative, 199
lois, 31
macroscope, 16
Maison Blanche, 217
McKinsey, 22
MÉHARI, 43, 162, 172
métriques, 90
Microsoft, 7
Microsoft 365, 11, 12, 71, 72, 115, 116, 117, 130, 131, 175, 187, 188, 189
Microsoft Copilot Security, 206
Microsoft France, 24
Microsoft HAX, 151
Microsoft Learn, 59, 62, 63, 116

Microsoft Solution Accelerator, 38
MITTRE, 162
mode BUILD, 77, 189, 190, 191
mode RUN, 133
MOF, 34, 35, 36, 38, 39, 40, 41, 110
monitoring de l'IA, 90
monitoring., 206
MVP, 7, 10, 11, 12
MVP expert en IA, 33
Nabil BABACI, 10
NORME, 162
norme ISO 20000, 39
normes ISO, 22
objectif est de démystifier, 73
OCDE, 20
OECD, 163, 173
ONU, 182
OpenAI, 7, 14, 58, 59, 114, 117, 151, 174
OPENAI, 164, 174
Organisation Internationale du Travail, 20
outils de gouvernance, 44
PDG, 197
petit robot, 9
Pierre Erol GIRAUDY, 10
pilotage, 3, 4, 7, 15, 26, 33, 97, 103, 110, 111, 112, 167
plan de gouvernance, 21, 22, 34, 95, 97, 110, 114, 116, 117, 176
plan de Gouvernance, 42
plan GRC, 37
Plugin, 114
PoC, 95
POWER AUTOMATE, 165, 177
processus de surveillance, 90
prototypage, 199

Purview, 206
QQOQCP, 134
quantique, 182, 194, 195
Quantum, 181, 194, 195, 196
quatre piliers, 8, 15, 113
RACI, 164, 175
réglementation minimale, 202
réglementations, 16, 22, 28, 31, 60, 61, 62, 77, 92, 99, 104, 107, 117, 119, 133, 136, 147, 168, 189, 190, 191, 192, 201, 202
régulateurs, 28
Responsible AI Toolbox, 164, 173, 176
risques, 28
robots humanoïdes, 184
ROI, 153, 154, 155, 156, 178
SAM, 206
science-fiction, 184, 185
sécurité, 44
Sécurité, 29, 50, 143, 149
sécurité de l'IA, 202
sémantique, 183
Sémantique, 129
SharePoint, 10, 11, 12
stratégie, 24, 27
stratégie européenne, 191
stratégies, 27
SYNTEX, 164
tableau de bord, 61, 206
tableau des outils, 161
taxonomie, 66, 67, 120, 121, 122, 123, 124, 125, 126, 127, 129
TDBAI, 167
transhumanisme, 56, 184
UGAIA, 10, 84, 166
Union européenne, 55

GLOSSAIRES

Algorithmes

Le terme vient du nom du mathématicien persan Muhammad ibn Musa al-Khwarizmi (vers l'an 820), à qui l'on doit l'introduction en Occident de la numération décimale. Aujourd'hui, il désigne une suite d'instructions qui doivent être exécutées de façon automatique par un ordinateur. Les algorithmes sont à l'œuvre dans tous les domaines, allant des requêtes sur les moteurs de recherches aux bourses financières, en passant par la sélection d'informations recommandés aux internautes.

INTELLIGENCE ARTIFICIELLE (IA)

Ensemble de sciences, théories et techniques dont le but est de reproduire par une machine des capacités cognitives d'un être humain. Les développements actuels visent à pouvoir confier à une machine des tâches complexes auparavant déléguées à un humain.

L'intelligence artificielle (IA) est un domaine de l'informatique qui se concentre sur la création de systèmes informatiques capables d'effectuer des tâches qui, lorsqu'elles sont accomplies par des êtres humains, nécessitent généralement des capacités cognitives telles que l'apprentissage, la résolution de problèmes, la compréhension du langage naturel, la perception visuelle et la prise de décision. L'IA vise à développer des algorithmes, des modèles et des technologies qui permettent aux machines d'imiter ou de reproduire ces capacités, en utilisant des méthodes telles que l'apprentissage automatique, les réseaux neuronaux, l'apprentissage profond et d'autres techniques connexes. L'objectif ultime de l'IA est de créer des systèmes autonomes capables de raisonner, d'apprendre, d'adapter leurs comportements et de résoudre des problèmes de manière similaire à un être humain, voire de manière plus efficace dans certains cas. L'IA a des applications dans de nombreux domaines, tels que la robotique, la médecine, les véhicules autonomes, la recherche en sciences fondamentales, l'analyse de données, la reconnaissance de motifs, la traduction automatique et de nombreuses autres applications technologiques.

L'intelligence artificielle se réfère à la création de machines et de logiciels qui sont capables d'imiter des aspects de l'intelligence humaine pour effectuer des tâches complexes de manière autonome.

L'hyperhumanisme

C'est une extension ou une évolution du concept d'humanisme, une philosophie qui met l'accent sur la valeur et la dignité de l'individu, l'importance de l'éducation, la recherche du bien-être humain, et la croyance en la capacité de l'homme à résoudre les problèmes par la raison et la collaboration. L'hyperhumanisme, s'il existait ou était développé, pourrait impliquer une intensification ou un élargissement de ces idéaux humanistes.

L'hyperhumanisme est un concept qui n'est pas largement reconnu ou établi dans le discours académique ou philosophique jusqu'à ma date de connaissance en septembre 2021. Cependant, je peux vous donner une description générale basée sur des concepts connexes. Il est important de noter que l'hyperhumanisme est un concept hypothétique, et son sens précis peut varier en fonction des perspectives individuelles. Il n'a pas été largement adopté ou défini dans le discours académique ou philosophique, et il peut être sujet à de nombreuses interprétations.

Mind uploading

Selon les transhumanistes, nos sensations, idées et émotions se résument à des connections neuronales. Le téléchargement de l'esprit (mind uploading) est l'idée transhumaniste selon laquelle le « contenu » du cerveau humain est réductible à un ensemble d'informations que l'on pourrait traduire dans le code binaire informatique, et donc télécharger (upload) dans un ordinateur.

Transhumanisme

Mouvement dont les adeptes veulent atteindre la condition « post-humaine » en se débarrassant du handicap, de la souffrance, de la maladie, du vieillissement et de la mort, grâce à la « convergence NBIC » (la rencontre entre les nanotechnologies, la biotechnologie, l'intelligence artificielle, les sciences cognitives). Ils prônent l'usage du clonage humain, de la réalité virtuelle*, de l'hybridation entre l'homme et la machine et du mind uploading. Leurs opposants leur reprochent de beaucoup spéculer, de fonder une nouvelle mystique idolâtrant la technique, et de fantasmer un « surhomme » aux accents eugénistes.

PSEUDONYMISATION

Selon l'article 4 du RGPD, il s'agit d'un traitement de données à caractère personnel de telle façon que celles-ci ne puissent plus être attribuées à une personne concernée précise sans avoir recours à des informations supplémentaires, pour autant que ces informations supplémentaires soient conservées séparément et soumises à des mesures techniques et organisationnelles afin de garantir que les données à caractère personnel ne sont pas attribuées à une personne physique identifiée ou identifiable.

Sources :

https://fr.unesco.org/courier/2018-3/glossaire-lintelligence-artificielle

https://www.coe.int/fr/web/artificial-intelligence/glossary

13 – POUR ALLER UN PEU PLUS LOIN AVEC l'IA EN ANGLAIS.

- Plan Stratégique National de Recherche et Développement en Intelligence Artificielle 2023 :
    - https://www.whitehouse.gov/wp-content/uploads/2023/05/National-Artificial-Intelligence-Research-and-Development-Strategic-Plan-2023-Update.pdf
- Programme de recherche et développement en réseautage et technologie de l'information (NITRD) :
    - https://www.nitrd.gov/about/
- Conseil national des sciences et de la technologie (CTSN) | OSTP | La Maison Blanche : https://www.whitehouse.gov/ostp/ostps-teams/nstc/
- L'impact de l'Intelligence Artificielle sur l'avenir de la main-d'œuvre dans l'Union Européenne et aux États-Unis :
    - https://www.whitehouse.gov/wp-content/uploads/2022/12/TTC-EC-CEA-AI-Report-12052022-1.pdf
- Inventaires des cas d'usages IA :
    - https://www.ai.gov/ai-use-case-inventories/
- Initiative nationale sur l'intelligence artificielle (INII) Initiative nationale sur l'intelligence artificielle :
    - https://www.ai.gov/

Understanding Quantum Technologies 2023 - Quantum Machine Learning.
https://www.oezratty.net/wordpress/2023/understanding-quantum-technologies-2023/

AI and Microsoft Research - Microsoft Research

Des solutions et des outils pour une gouvernance de l'IA par des experts. Tome 2.

https://www.microsoft.com/en-us/research/focus-area/ai-and-microsoft-research/

Responsible AI Principles and Approach | Microsoft AI
https://www.microsoft.com/en-us/ai/principles-and-approach/

Gouvernance en français et anglais :

GOUVERNANCE - AI: Le Dashboard Responsible AI de Microsoft (gouver2020.blogspot.com)

Users Group Artificial Intelligence d'Andorra (U.G.A.I.A.) : L'impact économique du cycle de vie des développeurs alimentés par l'IA et les leçons de GitHub Copilot (ugaia.eu)

Users Group Artificial Intelligence d'Andorra (U.G.A.I.A.) : Atteindre la confiance numérique dans une économie de l'Intelligence Artificielle (ugaia.eu)

RSE - réseaux sociaux et outils, créations: Guide sur l'utilisation d'outils basés sur l'IA par les avocats et les cabinets d'avocats dans l'UE en 2022[13] (larselesrse.blogspot.com)

https://www.slideshare.net/PierreErolGiraudy/quel-denominateur-commun-a-microsoft-365pdf

Documentation Microsoft 365 Copilot | Microsoft Learn
https://learn.microsoft.com/fr-fr/microsoft-365-copilot/

Bibliographie
https://www.slideshare.net/PierreErolGiraudy/bibliographie-ai

Nouveau métiers

Le CAIO - Chief Artificial Intelligence Officer, ou Directeur de l'Intelligence Artificielle - est la nouvelle addition des CODIR et des COMEX.

Dans les postes constatés aujourd'hui dans un comité de direction ou un comité exécutif, le rôle de Chief Artificial Intelligence Officer (CAIO) se distingue de manière significative en raison de l'influence grandissante de l'intelligence artificielle dans tous les domaines de l'entreprise.

Les dirigeants d'aujourd'hui, même les plus technologues d'entre eux, ont autre chose à faire que d'essayer de comprendre tout ce qui est réalisable avec les différentes technologies d'IA. Ils ont besoin d'être épaulé par cette fonction spécialisée pour appréhender la magnitude des changements auxquels ils vont faire face.

https://intelligence-innovationnelle.com/

Éthicien en IA : les détails sur ce nouveau métier de l'intelligence artificielle

Développer un système d'intelligence artificielle respectant les droits humains représente un réel défi pour les entreprises. Pour faire face à ces nouveaux enjeux, elles ont besoin de l'expertise d'un éthicien en IA.

https://www.lebigdata.fr/description-metier-ethicien-ia

Et bien d'autres arrivent...

14 - LES NOTES DE FIN DE CE LIVRE.

[i] URL du Livre du tome 1 sur la FNAC :
https://www.fnac.com/a18279697/P-Erol-Giraudy-OpenAI-et-Microsoft-des-solutions-une-gouvernance-par-des-experts-Tome-1

[ii] Comment définir l'IA ? - Elements of AI
https://course.elementsofai.com/fr/1/1

[iii] La présence de ce petit robot est une obligation légale en ce qui concerne ChatGPT : https://openai.com/brand#usage-terms
Microsoft Trademark and Brand Guidelines, thank you for helping us protect our trademarks and brand assets. À partir de l'adresse :
https://www.microsoft.com/en-us/legal/intellectualproperty/trademarks

[iv] Le Macroscope sur Wikipédia (wikipedia.org)
https://fr.wikipedia.org/wiki/Le_Macroscope

[v] L'IA : du premier cas d'usage au passage à l'échelle (microsoft.com)
https://info.microsoft.com/FR-TRNS-CNTNT-FY22-07Jul-21-AI-from-the-first-use-case-to-scaling-up-SRGCM4817_LP01-Registration---Form-in-Body.html

[vi] Réf. : Principes Microsoft pour une IA responsable
https://www.microsoft.com/fr-fr/ai/responsible-ai?activetab=pivot1:primaryr8

[vii] La gouvernance de l'intelligence artificielle (IA)
https://chat.openai.com/share/cd9841d2-eae9-43fc-b709-93eb790fc14d

[viii] Lois : DMA Digital Market act :
https://gouver2020.blogspot.com/2023/09/digital-markets-act-dma.html

[ix] Maturité de l'IA : De la Pratique à la Performance | Accenture
https://www.accenture.com/fr-fr/insights/artificial-intelligence/ai-maturity-and-transformation#accordion-ebcd3c01c6-item-8e6eab5936

[x] Solution Accelerators | Microsoft Learn

https://learn.microsoft.com/en-us/previous-versions/tn-archive/cc936627(v=technet.10)?redirectedfrom=MSDN

[xi] Solution Accelerators | Microsoft Learn
https://learn.microsoft.com/en-us/previous-versions/tn-archive/cc936627(v=technet.10)?redirectedfrom=MSDN

[xii] MOF COBIT-ValIT Cross-Impl Guide Final
https://www.scribd.com/document/51713540/MOF-COBIT-ValIT-Cross-Impl-Guide-Final-1

[xiii] La découvrabilité est un terme utilisé en science de l'information pour décrire le potentiel pour un contenu d'être aisément repérable, de sortir du lot, notamment par des mots-clés, des algorithmes de recherche, des métadonnées.

[xiv] Le livre est intitulé "Le Déclin du courage" et a été écrit par Alexandre Soljenitsyne[1]. Il a été publié en 1978.
Alexandre Isaievitch Soljénitsyne - Biographie et livres | Auteur Fayard
https://www.fayard.fr/auteurs/alexandre-isaievitch-soljenitsyne

[xv] "L'IA générative va entraîner des considérations juridiques nouvelles sur le droit d'auteur" (usine-digitale.fr) https://www.usine-digitale.fr/article/l-ia-generative-va-entrainer-des-considerations-juridiques-nouvelles-sur-le-droit-d-auteur.N2113996

[xvi] Droit et intelligence artificielle - Propriété intellectuelle | Dalloz Actualité (dalloz-actualite.fr) https://www.dalloz-actualite.fr/chronique/droit-et-intelligence-artificielle#.ZCWXt8rP200

[xvii] Les risques juridiques du contenu automatisé par IA - Actualités SEO et moteurs - Abondance
https://www.abondance.com/20220516-47708-les-risques-juridiques-du-contenu-automatise-par-ia.html

Pour Google, le contenu généré automatiquement enfreint ses recommandations et est donc passible de pénalités - Actualités SEO et moteurs - Abondance
https://www.abondance.com/20220411-47436-pour-google-le-contenu-genere-automatiquement-enfreint-ses-recommandantions-et-est-donc-passible-de-penalites.html

[xviii] GOUVERNANCE - AI: Guide sur l'utilisation d'outils basés sur l'IA par les avocats et les cabinets d'avocats dans l'UE en 2022. (gouver2020.blogspot.com)
https://gouver2020.blogspot.com/2023/05/guide-sur-lutilisation-doutils-bases.html

[xix] Mila, en collaboration avec l'Université de Montréal, accueillera la toute première École d'été sur l'intelligence artificielle (IA) responsable et les droits humains
https://mila.quebec/ecole-ete-ia-responsable-droits-humains/

[xx] Safety & responsibility (openai.com)
https://openai.com/safety

[xxi] Sources AI Europe : https://eur-lex.europa.eu/resource.html?uri=cellar%3Ae0649735-a372-11eb-9585-01aa75ed71a1.0020.02%2FDOC_1&format=PDF

[xxii] CMMI : Il fait partie des premiers modèles méthodologiques à destination des grandes organisations réalisant des projets informatiques conséquents. (Capability Maturity Model Integration).

https://blog-gestion-de-projet.com/cmmi-la-rolls-des-modeles-methodologiques/

[xxiii] CMMAI : CoE AI Capability Maturity Model (AI CMM).
https://coe.gsa.gov/2020/10/28/ai-update-2.html#:~:text=The%20AI%20CMM%20is%20a%20planning%20tool%20to,of%20AI%20adoption%20and%20broader%20enterprise%20business%20goals.

[xxiv] RGPD
https://learn.microsoft.com/fr-fr/legal/gdpr

[xxv] ISO/IEC JTC 1/SC 42 Artificial intelligence
https://www.iso.org/committee/6794475.html
https://www.iso.org/obp/ui/#iso:std:iso-iec:ts:4213:ed-1:v1:en

xxvi Créer votre plan de gouvernance de collaboration | Microsoft Learn
https://learn.microsoft.com/fr-fr/microsoft-365/solutions/collaboration-governance-first?view=o365-worldwide

xxvii **Index sémantique Informations complémentaires:**
https://blogs.microsoft.com/?p=52560836

xxviii https://blogs.microsoft.com/blog/2023/05/09/introducing-the-microsoft-365-copilot-early-access-program-and-2023-microsoft-work-trend-index/

https://www.microsoft.com/en-us/security/blog/2023/04/18/microsoft-shifts-to-a-new-threat-actor-naming-taxonomy/

https://www.microsoft.com/en-us/microsoft-365/blog/2023/05/23/empowering-every-developer-with-plugins-for-microsoft-365-copilot/

https://techcommunity.microsoft.com/t5/microsoft-365-copilot/how-to-prepare-for-microsoft-365-copilot/ba-p/3851566

https://support.microsoft.com/fr-fr/topic/lib%C3%A9rez-votre-productivit%C3%A9-avec-l-ia-et-microsoft-365-copilot-0bff3d8e-96a2-4bd0-9ac4-b128b1291394

xxix (6) **Semantic Index for Copilot**: Explained by Microsoft - YouTube
https://www.youtube.com/watch?v=KtsVRCsdvoU

xxx Comment l'IA dope la gestion de contenu d'entreprise (journaldunet.com)
https://www.journaldunet.com/solutions/dsi/1503433-comment-l-ia-dope-la-gestion-de-contenu-d-entreprise/

https://www.nuxeo.com/fr/resources/ai-content-services/

xxxi ROI CALCUL et exemples :
https://www.ionos.fr/startupguide/gestion/retour-sur-investissement-roi/

https://www.lanner.com/fr-fr/insights/blog/4-steps-for-calculating-project-roi-and-how-predictive-simulation-helps.html

https://www2.deloitte.com/us/en/insights/industry/technology/artificial-intelligence-roi.html

https://www.pwc.com/us/en/tech-effect/ai-analytics/artificial-intelligence-roi.html

https://www.accenture.com/us-en/insights/artificial-intelligence/roi-artificial-intelligence

https://www.smartsheet.com/roi-calculation-templates

[xxxii] ISO/IEC 22989:2022(en), Information technology — Artificial intelligence — Artificial intelligence concepts and terminology
https://www.iso.org/obp/ui/fr/#iso:std:iso-iec:22989:ed-1:v1:en

[xxxiii] Implementing ISO 20000 | IT Governance France
https://www.itgovernance.eu/fr-fr/mise-en-place-de-la-norme-iso-20000-fr#:~:text=Etablir%20le%20champ%20d%E2%80%99application%20D%C3%A9finir%20les%20objectifs%20de,et%20responsabilit%C3%A9s%20D%C3%A9terminer%20les%20ressources%20et%20les%20%C3%A9ch%C3%A9ances

https://www.techniques-ingenieur.fr/base-documentaire/technologies-de-l-information-th9/genie-logiciel-42306210/itil-et-iso-20000-h3280/planification-et-mise-en-uvre-de-la-gestion-des-services-h3280niv10010.html

[xxxiv] MITRE   https://attack.mitre.org

[xxxv] API OpenAI
https://platform.openai.com/examples
https://platform.openai.com/playground
https://community.openai.com/tag/api

[xxxvi] RACI Responsible, Accountable, Consulted, Informed
https://www.cadremploi.fr/editorial/conseils/conseils-carriere/detail/article/methode-raci-le-plus-court-chemin-pour-bien-gerer-vos-projets.html

[xxxvii] Microsoft Content AI Partner Program (CAPP).
https://adoption.microsoft.com/en-us/knowledge-and-content-services/partner-program/

https://www.microsoft.com/en-us/microsoft-syntex?rtc=1

xxxviii Vue d'ensemble du Kit de ressources Microsoft Graph
https://learn.microsoft.com/fr-fr/graph/toolkit/overview

xxxix BING ENTREPRISE   Introducing Bing Chat Enterprise in the Windows Copilot Preview | Windows Insider Blog   https://blogs.windows.com/windows-insider/2023/08/28/introducing-bing-chat-enterprise-in-the-windows-copilot-preview/

xl BING – COPILOT PRE.   https://www.microsoft.com/en-us/microsoft-365/blog/2023/07/18/introducing-bing-chat-enterprise-microsoft-365-copilot-pricing-and-microsoft-sales-copilot/

xli Documentation officielle de Microsoft Power Automate - Power Automate | Microsoft Learn   https://learn.microsoft.com/fr-fr/power-automate/

xlii Microsoft announces preview of new Copilot capabilities in Power Automate Process Mining | Power Automate Blog
https://powerautomate.microsoft.com/en-us/blog/microsoft-announces-preview-of-new-copilot-capabilities-in-power-automate-process-mining/

xliii Qui a peur de ChatGPT? | LesAffaires.com
 https://www.lesaffaires.com/techno/technologie-de-l-information/qui-a-peur-de-chatgpt-/639229

xliv Chine L'IA-tocratie en Chine : quand l'intelligence artificielle renforce la répression (futura-sciences.com)   https://www.futura-sciences.com/tech/actualites/securite-ia-tocratie-chine-intelligence-artificielle-renforce-repression-106567/

xlv Quantum   https://blogs.microsoft.com/blog/2023/06/21/accelerating-scientific-discovery-with-azure-quantum/

https://news.microsoft.com/azure-quantum-june-event/

https://inspire.microsoft.com/en-US/partners?wt.mc_ID=Inspire2023_esc_corp_soc_oo_li_M365_M365

[xlvi] Les Droits Humains contre les Droits de l'Homme ? Cercle K2 - Cercle K2 (cercle-k2.fr) https://cercle-k2.fr/etudes/les-droits-humains-contre-les-droits-de-l-homme

[xlvii] A Psychologist Explains How AI and Algorithms Are Changing Our Lives - WSJ https://www.wsj.com/articles/algorithms-ai-humanity-psychology-ebf1364c?mod=e2fb&fbclid=IwAR0B8qNocWBNKLIdYd-ClvPE4VCw_4rxL540UmEQAG53sbwVuuLCYx-zz20_aem_AdwOUtNvC0RegobrtRewynLlSnBP3r4eo9NGSj8xh0GVkNqofTOe5T8_ojrtT43d4cl-36CUQh48BV0OvJ5SiQHjhS09qr2gdKgswyRH1OUuOtcZHusPrBHIutxX46cslL8

[xlviii] COPILOT https://techcommunity.microsoft.com/t5/microsoft-365-copilot/how-to-prepare-for-microsoft-365-copilot/ba-p/3851566

https://learn.microsoft.com/fr-fr/azure/active-directory/enterprise-users/licensing-groups-assign

https://github.blog/2023-06-27-the-economic-impact-of-the-ai-powered-developer-lifecycle-and-lessons-from-github-copilot/

[xlix] https://reprints2.forrester.com/#/assets/2/108/RES178186/report

[l] Quantum
https://learn.microsoft.com/en-us/azure/quantum/overview-azure-quantum
https://quantum.microsoft.com/en-us/experience/quantum-coding

[li] FAQ Quantum et Copilot
https://quantum.microsoft.com/en-us/aq-copilot-faq

[lii] Quantique Opinions Libres, le blog d'Olivier Ezratty (oezratty.net)
https://www.oezratty.net/wordpress/

[liii] Tarifs d'OpenAI au 09/2023
https://openai.com/pricing

En résumé, OpenAI propose une variété de modèles de langage et d'autres modèles pour répondre aux besoins des utilisateurs, avec des tarifs basés sur l'utilisation de tokens, offrant ainsi flexibilité et personnalisation.

Ce texte présente différents modèles de langage proposés par OpenAI, chacun ayant des capacités et des tarifs différents. Les prix sont basés sur le nombre de "tokens", où 1 000 tokens équivaut à environ 750 mots. Voici un résumé :

Modèles Principaux :

GPT-4 : Ce modèle possède une connaissance générale étendue et une expertise dans divers domaines. Il peut suivre des instructions complexes en langage naturel et résoudre des problèmes difficiles avec précision. Les tarifs varient en fonction de la longueur du contexte (8K ou 32K tokens).

GPT-3.5 Turbo : Ce modèle est optimisé pour les dialogues. Il est adapté aux échanges conversationnels et offre des tarifs différents en fonction de la longueur du contexte (4K ou 16K tokens).

Modèles de Fine-Tuning : Vous pouvez créer vos propres modèles personnalisés en adaptant les modèles de base d'OpenAI avec vos données d'entraînement. Les tarifs sont basés sur l'utilisation des tokens en entrée et en sortie pour chaque modèle.

Modèles d'Embedding : Vous pouvez utiliser des modèles d'embedding pour des tâches avancées telles que la recherche, le regroupement, la modélisation de sujets et la classification. Les tarifs varient en fonction du modèle, avec Ada v2 étant l'un des moins chers.

Modèles de Base : Les modèles de base GPT ne sont pas optimisés pour suivre des instructions spécifiques, mais ils peuvent être efficaces pour des tâches spécifiques une fois adaptés. Les tarifs varient en fonction du modèle de base.

Autres Modèles : OpenAI propose également des modèles pour la génération et l'édition d'images (DALL·E) ainsi que des modèles audio (Whisper) pour la transcription de la parole en texte et la traduction. Les tarifs varient en fonction de la résolution pour les modèles d'image et de la durée pour les modèles audio.

Modèles Anciens : Les modèles plus anciens sont retirés périodiquement pour continuer à améliorer les offres d'OpenAI.

Quotas d'Utilisation : Les utilisateurs ont un quota initial de dépenses, qui peut être augmenté avec le temps en fonction de l'utilisation. Vous pouvez demander une augmentation de quota si nécessaire.

Options de Paiement : OpenAI propose un essai gratuit avec un crédit de 5 $ pour les trois premiers mois, puis un paiement au fur et à mesure de l'utilisation.

Choix de Modèle : Vous pouvez choisir le modèle qui convient le mieux à votre tâche parmi une gamme de capacités et de tarifs.

[liv] Des « spécialistes en requêtes » expliquent leurs méthodes pour dompter les IA
https://trustmyscience.com/specialistes-requetes-expliquent-methodes-dompter-intelligences-artificielles/

[lv] The Future of Generative AI
https://media.licdn.com/dms/document/media/D4E1FAQEwTvIpJ4hctA/feedshare-document-pdf-analyzed/0/1693745838696?e=1694649600&v=beta&t=OTV4UMQYHbI5GB1wUFjvZE5u1ka0p_kt0iMGHj9eK0Q

[lvi] Sécurité de l'IA https://www.futura-sciences.com/tech/actualites/cybersecurite-prompt-injection-cette-nouvelle-attaque-ia-107414/

[lvii] Yann LeCun on a vision to make AI systems learn and reason like animals and humans (meta.com)

[lviii] AI Act : à qui revient la responsabilité des obligations réglementaires ? (journaldunet.com) https://www.journaldunet.com/intelligence-artificielle/1525785-ai-act-a-qui-revient-la-responsabilite-des-obligations-reglementaires/#utm_source=MagNews&utm_medium=email&utm_campaign=IA_24/10/2023&een=28542770d29481216ac3f1e3058c012c&seen=2&gbmlus=2281f7dcc53d22103572ef9a5b5ff3dbbe23f40eae749ea752ad3ac528e4130d

Des solutions et des outils pour une gouvernance de l'IA par des experts. Tome 2.

Des solutions et des outils pour une gouvernance de l'IA par des experts. Tome 2.

Des solutions et des outils pour une gouvernance de l'IA par des experts. Tome 2.

MIXTE
Papier issu de sources responsables
Paper from responsible sources
FSC® C105338